DUMONTS KLEINES LEXIKON

BALKON- & KÜBELPFLANZEN

Gestaltung · Bepflanzung · Pflege

Wota Wehmayer & Hermann Hackstein

Edition
DÖRFLER

Alle in diesem Buch enthaltenen Angaben, Vorschläge etc. wurden von den Autoren nach bestem Wissen erstellt und von ihnen und dem Verlag mit größtmöglicher Sorgfalt überprüft. Gleichwohl sind inhaltliche Fehler nicht vollständig auszuschließen. Daher erfolgen die Angaben etc. ohne jegliche Verpflichtung oder Garantie des Verlags oder der Autoren. Eine Haftung der Autoren und des Verlags für Personen-, Sach- und Vermögensschäden ist ausgeschlossen.

Konzeption und Realisation: Medien Kommunikation, Unna

Im Internet finden Sie unser Verlagsprogramm unter:
www. edition-doerfler.de

Inhalt

Vorwort

Schöner wohnen und leben mit Balkon- & Kübelpflanzen

Es gibt kaum einen Garten, eine Terrasse oder einen Balkon, auf dem sie nicht zu finden sind: Balkon- und Kübelpflanzen. Allerorten bringen sie ein Stück Natur in unsere bebaute Umwelt, schaffen bunte Blickfänge und faszinieren mit einer unglaublichen Fülle an Arten und Sorten. So wundert es nicht, dass sie zu den beliebtesten Gewächsen überhaupt zählen.

Dabei sind Balkon- und Kübelpflanzen – streng botanisch gesehen – gar keine spezielle Art oder Sorte von Pflanzen. Es ist vielmehr ein Sammelbegriff für alle Gewächse, die sich nicht nur im Beet, sondern auch gut in Pflanzgefäßen halten lassen.

Als Kübelpflanzen bezeichnet man dabei überwiegend nicht winterharte Gewächse, die in kühleren Regionen geschützt überwintern müssen – und da ist es vorteilhaft, wenn sie im Kübel transportabel bleiben. Gerne wird der Begiff Kübelpflanze aber auch für alle größeren Gewächse wie z.B. Sträucher und Bäume benutzt, für die Töpfe, Ampeln oder Blumenkästen nicht ausreichend groß genug sind.

Unter Balkonpflanzen fasst man hingegen alle anderen – vor allem die kleineren Gewächse – zusammen. Dabei stehen besonders all diejenigen im Mittelpunkt, die sich für Ampeln und Blumenkästen eignen und das Auge mit reicher Blütenpracht verwöhnen.

Aber ganz gleich, was man genau unter Balkon- und Kübelpflanzen versteht: Letztlich eignet sich fast jede Pflanze dazu, in einem Gefäß gezogen und gehalten zu werden – vorausgesetzt, dieses ist groß genug.

So könnte im lexikalischen Teil dieses Buches eigentlich jede Art und Sorte stehen. In einem kleinen Lexikon wie diesem gilt es aber, Schwerpunkte zu setzen und eine Auswahl zu treffen. Dabei haben wir Autoren uns nicht so sehr nach botanischen Vorgaben gerichtet, sondern uns an den Bedürfnissen der meisten „Minigärtner" orientiert, ganz gleich ob Sie „nur" einen kleinen Balkon bepflanzen, ein Fenster mit einem Balkonkasten verschönern oder eine Terrasse mit Kübeln bereichern möchten.

Dabei stehen für uns nicht allein die Faszination der Pflanzen selbst oder die gärtnerischen Möglichkeiten im Vordergrund, sondern die Fragestellungen und Bedürfnisse der Praxis. So gilt unser Augenmerk eher einem Gewächs, das sich beispielsweise pflegeleicht zum Sichtschutz einsetzen lässt, als einem seltenen Exoten, der das Herz des Profigärtners höher schlagen lässt.

In diesem Sinne wünschen wir Ihnen viel Spaß mit diesem Buch und grünen Erfolg!

Kleine Pflanzparadiese

Vielseitige Begleiter

Leben mit Balkon- & Kübelpflanzen

So viele Pflanzen es gibt, die man in Töpfen und Ampeln, Kästen und Kübeln halten kann, so viele Gründe gibt es auch, sich gerade für mobile Gewächse zu entscheiden.

Pflanzenliebhaber beispielsweise freuen sich, dass dank der Balkon- und Kübelpflanzen auch exotische Pflanzen in kälteren Regionen gedeihen. Köchinnen und Köche schätzen, dass sie so stets frische Kräuter zur Hand haben. Architekten nutzen sie als Gestaltungselement, Gartenliebhaber lenken mit ihnen Blicke, Erholung suchende Menschen schaffen sich mit ihnen kleine Naturoasen. Diese Liste ließe sich beliebig fortsetzen.

Zu den größten Vorteilen zählt jedoch ohne Zweifel, dass sich mit Balkon- und Kübelpflanzen auch auf kleinstem Raum ein Stück Natur ins urbane Umfeld ein-

binden lässt: Ob Blumenkästen an Fensterbänken, Ampeln neben Balkontüren oder Pflanzkästen auf der Terrasse: Balkon- und Kübelpflanzen bringen das Grün näher an die Architektur heran als Gärten dies meist vermögen. Und: Sie gedeihen auch in einem Umfeld, in dem die Natur ansonsten nur wenig Raum zur Entfaltung findet.

Die Beliebtheit der Balkon- und Kübelpflanzen ist dabei ohne ihren dekorativen Charakter nicht denkbar. Von den ersten Frühlingsstrahlen bis in den späten Herbst hinein verwöhnen uns blütenreiche Pflanzen mit ihrer Farbenpracht. Ob Tulpen und Narzissen, Geranien und Petunien, Dahlien oder Astern – das ganze Jahr über bereichern sie unser Leben und schaffen attraktive Blickpunkte. Anders als bei ihren festeingepflanzten Artgenossen in Blumenbeeten und Vorgärten lassen sich zudem mit den Balkon- und Kübelgewächsen von Jahr zu Jahr ganz neue Pflanzbilder schaffen. Und dies nicht nur durch immer wieder neue Bepflanzungen in wechselnden Farbgebungen. Auch durch wechselnde Plätze für bestimmte Kübel oder veränderte Arrangements von Gefäßgruppen lassen sich von Saison zu Saison ganz unterschiedliche Ansichten erzielen.

Zu den gestalterischen Vorteilen zählt weiterhin, dass sich Balkon- und Kübelpflanzen jedem Gartenstil anpassen – ja mehr noch: ihn verstärken oder gar prägen können. Man denke nur an mediterran ausgerichtete Gärten. Sie sind ohne Oleander, Citrusgewächse oder Bougainvilleen kaum vorstellbar – alles nicht winterharte Pflanzen, die in kühleren Breitengraden draußen nicht überwintern können.

Auch das Bild vom romantischen Bauerngarten ist unmittelbar mit Topf- und Kübelpflanzen verbunden – seien es Kräuter wie die Petersilie und der Schnittlauch oder Stauden bzw. Einjährige wie das Fleißige Lieschen oder die Dahlie.

Die gestalterische Kraft von Balkon- und Kübelpflanzen lässt sich dabei sehr breit gefächert nutzen. Bewusst eingesetzt schaffen sie zum Beispiel auf Terrassen einen fließenden Übergang vom Wohngebäude zum Garten.

Größere oder auffällige Pflanzen ziehen nicht nur den Blick auf sich, sondern können ihn auch lenken – z.B. auf Wegführungen und Eingänge. Zu den beliebtesten Anordnungsmustern von Balkon- und Kübelpflanzen zählt so beispielsweise das Rahmen von Türen mit zwei identischen Gewächsen. Dieser Gestaltungsform kommt sogar im Feng Shui, der umfassenden asiatischen Gestaltungslehre, hohe Bedeutung zu – dort versteht man sie als „Wächter".

Bei der Wegführung können Balkon- und Kübelpflanzen zudem als attraktive Begrenzungen dienen – z.B. bei abknickenden Zugängen. Sehr dekorativ ist es zudem, Treppenstufen mit kleinen Kübeln zu säumen.

Äußerst sinnvoll lassen sich Balkon- und Kübelpflanzen dazu nutzen, unattraktivere Stellen zu kaschieren – wie z.B. hässliche Gitterroste von Kel-

lerschächten oder Kanalabdeckungen. Direkt am Haus begrünen sie außerdem perfekt Fallrohre von Regenrinnen oder unattraktive Nischen.

Wandkübel und Ampeln lockern zudem große Wandflächen spielend auf – vor allem dann, wenn die Pflanzen an Spalieren oder Rankgittern wachsen. Direkt an Balkon- oder Terrassenwänden in Kombination mit breiten Pflanzkästen schaffen sie außerdem Sicht und Windschutz – selbst „grüne Wände" zu erzeugen, ist so kein Problem. In gleicher Funktion lassen sie sich übrigens auch auf Gartenterrassen oder vor Wintergärten und Gartenlauben einsetzen.

Die Liste der praktischen Aspekte von Gewächsen in Pflanzgefäßen ließe sich noch beliebig fortsetzen. Ambitionierte Gärtner beispielsweise schätzen Kübel, die sie in den Boden vergraben, um so das ungehinderte Ausbreiten von Pflanzen – wie z.B. Bambus – einzuengen. Aber gleich, in welcher Funktion man Balkon- und Kübelpflanzen nutzt – das Wichtigste bleiben stets die Pflanzen selbst. Sie sind die Hauptdarsteller, deren Spiel und Facettenreichtum die eigentliche Sensation darstellen.

Gekonnt Gestalten

Richtig in Szene setzen

Die Wirkung der Balkon- und Kübelpflanzen wird von vielen Faktoren bestimmt – ganz besonders wichtig dabei sind natürlich die Pflanzenwuchshöhe und das Pflanzgefäß auf der einen sowie die Umgebungsflächen und der Hintergrund auf der anderen Seite.

Grundsätzlich gilt: Gestaltungen mit Balkon- und Kübelpflanzen nehmen wir dann als gelungen wahr, wenn sie unseren Blick bannen. So wirkt eine kleine Pflanze, die allein auf weiter Flur steht – beispielsweise auf einer großen Terrasse – einsam und verloren. Das Auge übersieht sie im wahrsten Sinne des Wortes.

Arrangiert man hingegen mehrere kleine Pflanzen dicht gedrängt in einem größeren Kübel zu einem bunten Ensemble, rücken sie wie selbstverständlich ins Blickfeld – man denke nur an die so beliebte üppige Geranienpracht in Balkonkästen.

Ob man dabei mehrere Gewächse einer Sorte oder ganz unterschiedliche Pflanzen miteinander kombiniert, bleibt dem eigenen Geschmack überlassen. Bei unterschiedlichen Pflanzen ist es allerdings von entscheidender Bedeutung, dass sie in etwa gleich sonnenhungrig oder schattenliebend sind und ähnliche Bodenvoraussetzungen bevorzugen.

Dabei empfiehlt sich nicht nur die Kombination von mehreren kleinen Pflanzen: Viele größere, hoch aufschießende Pflanzen – besonders solche mit Stamm – lassen sich hervorragend mit kleineren Pflanzen in einem Kübel als Bodendecker unterpflanzen.

Welche Ausmaße ein solches Arrangement haben muss, um ins Auge zu springen, hängt entscheidend von der Größe des Umgebungsraums ab. Auf einem nur wenige Quadratmeter großen Balkon entfalten selbst kleinere Pflanzinseln eine ansprechende Wirkung, die auf größeren Flächen untergehen würden.

Grundsätzlich kann man zwei Zielrichtungen bei Gestaltungen mit Balkon- und Kübelpflanzen unterscheiden: Die eine zielt darauf ab, der Pflanze oder dem Arrangement einen möglichst spektakulären Auftritt zu verschaffen – die andere möchte sie möglichst natürlich in das Umfeld einbinden.

Für welche Art der Gestaltung man sich entscheidet, hängt vor allem auch vom Gartenstil ab. Je natürlicher dieser ausgerichtet ist, desto unauffälliger sollte man die Pflanzen integrieren. Entscheidende Bedeutung kommt dabei vor allem dem Pflanzgefäß zu. Gleichwohl kann man auch bewusste Kontrastakzente setzen.

Unzertrennliche Paare

Die Balkon- oder Kübelpflanze auf der einen und das Pflanzgefäß auf der anderen Seite bilden eine untrennbare gestalterische Einheit. Durch die geschickte Kombination von beiden kann man kleine Highlights im Garten schaffen. Umgekehrt aber kann die falsche Pflanze im falschen Topf oder Kübel absolut deplatziert wirken. Entscheidend hierbei sind nicht nur die Größe und die Form, sondern auch die Farbe und das Material der Gefäße.

Der wichtigste Aspekt ist natürlich, dass das Behältnis der oder den Pflanzen ausreichend Lebensraum bietet. Wie groß Kübel oder Kasten dazu sein müssen, ist von Gewächs zu Gewächs unterschiedlich. Tief wurzelnde Pflanzen wie z.B. Rosen brauchen so recht hohe Töpfe. Andere selbst größere Pflanzen sind in Bezug auf die Tiefe der Gefäße weitaus anspruchsloser.

Auch der Standsicherheit kommt eine wichtige Rolle zu. Dabei gilt: Je höher die Pflanze

wächst, desto breiter und schwerer sollte das Pflanzgefäß sein. Bäume und Sträucher, aber auch umfangreiche Pflanzenarrangements stellen hier besonders hohe Ansprüche.

Bei der Wahl der Form des Pflanzgefäßes sollte nicht allein der individuelle Geschmack ausschlaggebend sein: Eine gelungene Gestaltung gliedert sich harmonisch in das Umfeld ein – sei es die Architektur, die Grundausrichtung des Gartens oder – am besten – in beides. So passen beispielsweise Gefäße mit gerader oder klarer Linienführung gut in ein modern gestaltetes Umfeld. Verschnörkelte Gefäße hingegen unterstreichen eine romantische Atmosphäre. Und Terrakottagefäße sind untrennbar mit einem mediterranen Garten verbunden. Wenn Töpfe oder Kübel auf Podesten stehen, gilt dies natürlich auch für diese.

Für die Wirkung ist zudem das Farbzusammenspiel von Bedeutung – und hier insbesondere, dass die Farben von Pflanze und Gefäß gut miteinander harmonieren. So sind Kombinationen von Rosa, Rot und Violett oft schwierig, während klare Farben wie Blau, Rot und Gelb recht gut untereinander, aber auch mit Weiß harmonieren.

Auf der sicheren Seite befindet man sich immer dann, wenn man bei den Kübeln erdnahe, also z. B. Beige oder Terrakotta, oder neutrale Farben wie Weiß wählt. Dann allerdings wirken Topf oder Kübel eher unauffällig. Umgekehrt kann man mit einer spektakulären Kübelfarbe aber auch Pflanzen bewusst in Szene setzen, die ansonsten vielleicht in der Gesamtgestaltung untergehen würden.

Ein weiterer Aspekt bei der Wahl des Pflanzgefäßes betrifft das Material von Topf, Kasten, Ampel oder Kübel. Auch hier sollte die Gesamtgestaltung im Blickpunkt stehen: zeitgerechte Materialien wie lackiertes Blech, Edelstahl oder Beton passen immer besser zu einer modernen Grundausrichtung als beispielsweise in ein historisches oder mediterranes Umfeld. Dort sind natürliche Materialien wie z.B. Ton oder Holz zu bevorzugen.

Während sich die Auswahl bei den Pflanzgefäßen bis vor ein paar Jahren auf einige wenige Standardprodukte beschränkte, ist das Angebot heute schier unübersehbar. Vor allem bei den Formen und Materialien hat sich ungemein viel getan. Ob ungewöhnlich geflochtene Äste oder Materialkombinationen aus Glas und Kunststoff, ob Wandschalen im Stil antiker Statuen oder Spezialanfertigungen nach eigenen Wünschen: Der Auswahl sind kaum Grenzen gesetzt.

Aber hinter der Kreativität, mit der viele Gärtner Balkon- und Kübelpflanzen ein ganz individuelles Gesicht geben, verblasst selbst die große Auswahl an vorgefertigten Produkten. Ob alte Handtaschen oder Schuhe, Autos oder Fahrräder – bepflanzt wird offensichtlich alles, das Erde aufnehmen kann oder Pflanzgefäßen Platz bietet.

Die richtigen Pflanzen

Grosse Auswahl und wenig Platz

In Blumenkästen, auf Balkonen und Terrassen ist der Pflanzraum oft sehr beschränkt – und so fällt die Auswahl unter den vielen Balkon- und Kübelpflanzen nicht leicht.

Umso wichtiger ist es, sich vor dem Kauf ein klares Bild von den tatsächlichen Pflanzmöglichkeiten zu verschaffen und beim Einkauf im Gartenfachmarkt auf den Platzbedarf und die Wachstumshöhen der Gewächse genau zu achten.

Top-Ten
Ampeln & Balkonkästen

- Begonia-Hybriden (Begonien)
- Bidens (Goldfieber)
- Diascia-Hybriden (Elfensporn)
- Fuchsien
- Impatiens
- Lobelia (Männertreu)
- Pelargonien (Geranien)
- Petunia-Hybriden (Petunien)
- Scaevola (Fächerblume)
- Verbena-Hybriden (Verbenen)

Ampeln und Blumenkästen

Sie zählen zu den großen Klassikern unter den Balkon- und Kübelpflanzen: Blumen für Ampeln bzw. Baskets und Balkonkästen. Für beide empfehlen sich vor allem Gewächse, die mit einer überhängenden Blütenpracht die Blicke auf sich ziehen.

Beim Bepflanzen im Frühjahr kommt es darauf an, den noch jungen Gewächsen ausreichend Raum zur Entfaltung zu geben und sie so nicht zu dicht nebeneinander in die Gefäße einzusetzen: Dann wachsen sie recht schnell und üppig. Wichtig ist zudem, beim Gießen die Wasserzufuhr genau zu dosieren: Zu viel Wasser schadet genauso wie zu wenig. Zudem benötigen die Pflanzen regelmäßig Dünger, und Verblühtes sollte regelmäßig entfernt werden.

Ranken und Schlinger

Große Pflanzgefäße und stabile Rankhilfen sind der Schlüssel zum Erfolg, wenn Ranken oder Schlinger Mauern begrünen oder für Sichtschutz sorgen sollen. Junge Triebe führt man rechtzeitig in die gewünschte Richtung. Regelmäßiger Rückschnitt vor allem von Trieben, die in die falsche Richtung wachsen, steigert den Erfolg. Beim Anbinden von Trieben ist darauf zu achten, dass Schnüre und Bänder nicht zu fest verknotet werden, um die Pflanzen nicht zu verletzen.

Top-Ten Ranken & Schlinger

- Actinidia chinensis
- Aristolochia durior
- Bougainvillea
- Campsis radicans
- Clematis
- Jasminum
- Passiflora
- Plumbago
- Thunbergia alata
- Vitis vinifera

MEDITERRANE GÄRTEN

Sie sorgen für südländisches Flair und ein bisschen Urlaubsstimmung auf Balkon und Terrasse: Die so genannten Exoten, die nicht winterharten Pflanzen. Vor der Anschaffung sollte man sich unbedingt darüber klar sein, wie die Gewächse überwintern können.

Viele von ihnen benötigen während der kalten Jahreszeit einen trockenen, mäßig warmen und hellen Standort. Zu berücksichtigen ist dabei auch, dass die meisten dieser nicht winterharten Pflanzen bei guter Pflege eine stattliche Größe von über zwei Metern erreichen. Damit verbunden ist, dass sie mit der Zeit immer größere Töpfe benötigen und somit auch viel schwerer werden. Das führt oftmals nicht nur zu Platz-, sondern auch zu Transportproblemen.

TOP-TEN MEDITERRANES FLAIR

- Aloe
- Brugmansia
- Camellia japonica
- Citrus
- Cymbidium
- Erythrina crista-galli
- Ficus carica
- Lavandula
- Nerium oleander
- Strelitzia reginae

Kleine Nutzgärten

Kräuter, Obst und Gemüse – Balkon- und Kübelpflanzen können mehr als nur Zierde sein. Gleichwohl bereichern sie nicht nur die Küche, sondern auch das Pflanzbild mit dekorativen Blattformen, hübschen Blüten und prallen Früchten.

Platz vor allem für Kräuter findet sich dabei auch auf dem kleinsten Balkon. Viele Kräuter – wie Basilikum aber auch Petersilie oder Schnittlauch – sind recht empfindlich und sollten so einen besonders vor Regen geschützten Platz bekommen. Generell gilt bei Nutzpflanzen: Je größer der Topf, desto größer ist auch die Chance auf eine ertragreiche Ernte.

Top-Ten Kräuter

- Basilikum
- Bohnenkraut
- Minze
- Oregano
- Petersilie
- Rosmarin
- Salbei
- Schnittlauch
- Thymian
- Zitronen-Melisse

Top-Ten Obst & Gemüse

- Tomaten
- Paprika
- Peperoni
- Zucchini
- Ruccola
- Brombeeren
- Erdbeeren
- Heidelbeeren
- Äpfel
- Kiwi

Einige Kräuter schmecken nicht nur Menschen, sondern vor allem auch Schnecken, allen voran Petersilie und Basilikum. Sie sollten auf Terrassen möglichst aufgehängt oder wenigstens hoch gestellt werden, sodass sie schwerer erreichbar sind.

Bei den Obstsorten führt der Handel heute ein sehr breites Sortiment an speziellen Züchtungen für den Kübel, die selbst hier viele sehr wohlschmeckende Früchte tragen. Bei Beerenfrüchten empfehlen sich besonders bei beengten Platzverhältnissen dornlose Arten. Bei geschicktem Einsatz schaffen zudem Wein, Kiwi oder Brombeeren Sicht- oder Windschutz.

Pflanzen eintopfen

Fachgerecht einpflanzen

Damit die Pflanzen gut gedeihen, ist es unerlässlich, sie fachgerecht in Töpfe, Kübel oder Kästen einzusetzen. Denn nur, wenn sie ausreichend Platz haben, die Nährstoffzufuhr sichergestellt und Staunässe am Boden vermieden wird, können sie überleben.

Um sich an schönen Balkon- und Kübelpflanzen möglichst lange erfreuen zu können, fällt bereits dem Zeitpunkt des Einpflanzens eine sehr wichtige Rolle zu. Denn viele Pflanzen gehen schlecht an, oder gedeihen nicht optimal, wenn man sie zu früh oder zu spät ein- beziehungsweise umtopft. Ungünstig ist es zudem, an heißen Tagen in praller Sonne zu pflanzen.

In der Praxis hält man sich am besten an das Angebot von Gärtnerei oder Gartencenter: Hier sind normalerweise nur diejenigen Gewächse erhältlich, die zum Zeitpunkt des Kaufs auch gepflanzt werden können. So werden zum Beispiel Pflanzen, die im Sommer eingetopft werden sollten, auch nur im Sommer zum Verkauf angeboten.

Falls man sich nicht sicher ist, erhält man beim Kauf zumeist fachkundige Auskunft.

Zum Bepflanzen braucht eine neu erworbene Pflanze geeignetes Substrat – so nennt man die Erde – und natürlich einen schönen, zur Größe der Pflanze passenden Kübel.

DIE RICHTIGE ERDE

Pflanzen stellen unterschiedliche Anforderungen an den Boden, in dem sie gedeihen sollen. So brauchen einige von

ihnen beispielsweise einen eher sauren Boden, andere fühlen sich in sandigerer Erde besonders wohl, dritte benötigen für optimales Wachstum eine kalkhaltige Umgebung.

In der Regel erfüllt normaler Mutterboden diese Ansprüche nicht. Der Handel bietet deshalb ein breites Sortiment an sehr verschiedenen Pflanzerden an – z.T. ganz speziell für bestimmte Gewächse wie Rosen oder Geranien. Für die meisten Pflanzen reicht jedoch einfache Topferde aus. Solche Universalsubstrate sind recht preiswert, in der Regel frei von Unkrautsamen und neutral – ihr pH-Wert liegt bei circa 7. Übrigens: Zeigt sich mit der Zeit, dass das Universalsubstrat den Anforderungen der Pflanzen nicht genügt und diese z.B. nur langsam wachsen, kann man immer noch nacharbeiten – z.B. durch den Zusatz von ausgewähltem Dünger.

Das Pflanzgefäss

Wichtig ist, dass die Größe des Kübels zu den Bedürfnissen der Pflanze passt und in Relation zu ihrer Größe steht. Bei zu kleinen Gefäßen reicht das Substrat nicht aus, die Pflanze vollständig mit Nährstoffen zu versorgen. Ist der Topf nicht tief genug, besteht die Gefahr von Staunässe – das Wasser steht dann im Topfboden und bedroht die Pflanzenwurzel. Bei hoch wachsenden, später schweren Pflanzen bringt ein großer Kübel zudem Standsicherheit. Viel zu groß kann ein Kübel oder Kasten eigentlich nur aus gestalterischer Sicht sein. Als Faustregel kann gelten: Der Topf sollte mindestens 20 Prozent größer als der Wurzelballen sein – bei einem ca. 10 cm tiefen und breiten Ballen sollte das Gefäß also mindestens 12 cm tief und breit sein.

Gebrauchte Tonkübel sollten vor einer Neubepflanzung mit einer Drahtbürste gereinigt werden, um eventuelle Schädlinge zu beseitigen. Unglasierte neue Tonkübel sollten vor Gebrauch gewässert werden, um später der frischen Erde nicht unnötig Feuchtigkeit zu entziehen.

Hilfsmittel

Zum Eintopfen – genau wie zum Umtopfen – benötigt man eine Handschaufel zum Umsetzen von Jungpflanzen. Zum Entfernen überschüssiger Erde nach dem Bepflanzen ist ein Handfeger hilfreich.

Eine robuste Schere kann zum Aufschneiden von Plastiktöpfen sinnvoll sein. Will man alte Töpfe für die notwendige Dränage zerschlagen, sollte ein Hämmerchen griffbereit liegen. Am besten arbeitet man mit Gartenhandschuhen, vor allem bei dornigen Gewächsen. Zum Angießen empfiehlt sich eine Gießkanne.

Schritt für Schritt eintopfen

1. Dränage

Als erstes muss in Topf, Kübel oder Kasten eine Dränage gelegt werden, damit später überschüssiges Wasser gut abfließen kann und keine Staunässe entsteht. Die Dränage ist eine Schicht aus festem Material, das den Boden bedeckt, keinesfalls aber das Ablaufloch verstopft. Als Material bieten sich für größere Töpfe Tonscherben, für kleinere auch Kiesel oder Rindenstücke an.

2. Grundfüllung

Darüber füllt man so hoch Erde, dass der Wurzelballen der Pflanze später bis kurz unter den Rand des Pflanzgefäßes reicht. Die in Säcken angebotene Erde ist meist stark zusammengepresst. Es empfiehlt sich daher, feste Brocken mit der Hand zu zerbröseln.

3. Dünger

Die Erde kann man jetzt mit etwas Dünger anreichern – z. B. mit Universaldünger. Der Dünger wird mit der Hand unter das Substrat gemischt.

4. Pflanze herausnehmen

Als nächstes löst man den Wurzelballen der Pflanze durch leichtes Drücken, Drehen oder Klopfen aus seiner Plastikummantelung. Gelingt dies nicht, oder sind die Wurzeln bereits durch die Entwässerungslöcher gewachsen, sollte man das Plastik mit einer Schere zerschneiden. Dabei die Wurzeln nicht verletzen! Anschließend lockert man den Wurzelballen mit der Hand, sodass die Wurzeln nicht mehr gepresst sind und besser in dem neuen Substrat anwachsen können.

5. Pflanze einsetzen

Jetzt setzt man die Pflanze vorsichtig in den Kübel ein und richtet sie sorgfältig aus. Bei größeren Gewächsen empfiehlt es sich, die Ausrichtung mit etwas Abstand zum Kübel zu beurteilen. Dann füllt man den Zwischenraum zum Gefäß mit lockerem Substrat auf. Anschließend verdichtet man das Substrat, sodass die Pflanze sicher steht und füllt dann eventuell noch einmal Erde nach.

6. Angiessen

Danach gießt man die Erde vorsichtig am Wurzelansatz an, damit die Pflanze gut anwachsen kann und sich durch das Einschlämmen das Substrat verdichtet. Mit einer Gießkanne lässt sich die Wassermenge besonders gut dosieren.

7. Erde nachfüllen

Schließlich füllt man nochmals Erde auf und drückt sie gut fest. Dabei sollte der Kübel nie genau bis zum Rand gefüllt werden, damit die Erde beim Gießen nicht überquillt.

Zudem bleibt so genügend Platz für eine die Erde abdeckende Schicht. Diese kann beispielsweise aus Rindenmulch, Zierkies oder Kokossplittern bestehen. Sinnvoll ist eine solche Schicht bei größeren Kübeln mit viel sichtbarer Erdfläche nicht nur aus optischen Gründen. Auch Feuchtigkeit wird so besser gespeichert und empfindliche Pflanzenwurzeln – wie die der Clematis – werden vor zu starker Sonneneinstrahlung geschützt. In den ersten Tagen nach dem Eintopfen sollte man die Pflanze besonders gut beobachten und vor allem darauf achten, dass sie ausreichend Wasser erhält.

Die richtige Pflege

Die Kunst des Wässerns

Um das Gedeihen von Balkon- und Kübelpflanzen sicherzustellen, muss man sie angemessen hegen und pflegen. Dazu gehört vor allem das richtige Maß an Wasserzufuhr und Dünger sowie das Befreien des Substrates von Unkraut. Außerdem müssen manche Pflanzen gestutzt oder zurückgeschnitten und regelmäßig umgetopft werden. Bei Schädlingen und Krankheiten sind Früherkennung und schnelle Hilfe wichtig.

Das richtige Wässern ist gerade bei Balkon- und Kübelpflanzen nicht immer einfach: Das Wasser verdunstet schneller als im Beet, aber man darf nicht zu viel gießen, um Staunässe zu vermeiden. Regen ist nicht unbedingt ein Freund von Balkon- und Kübelpflanzen: Dichtes Blattwerk verhindert oft, dass das Wasser den Wurzelballen erreicht. Andererseits kann aber auch regelrechtes Hochwasser entstehen, wenn es zu ausdauernd regnet.

Generell gilt: Je größer die Pflanze ist und je mehr Substrat ihr zur Verfügung steht, desto einfacher gestaltet sich das Wässern. Bei kleinen Pflanzgefäßen – vor allem auch bei Ampeln und Blumenkästen – ist jedoch meistens wenig Substrat vorhanden. Deshalb gilt es, sie besonders feinfühlig mit Feuchtigkeit zu versorgen.

Als Grundregel gilt: An heißen Sonnentagen sollten Kübel einmal, Ampeln und Wandtöpfe zweimal täglich gegossen werden. Ob die Pflanze Wasser braucht, lässt sich prüfen, indem man seinen Finger in die Erde steckt: Ist sie in 3 cm Tiefe trocken, muss spätestens gegossen werden!

An heißen Sommertagen ist es zudem äußerst wichtig, nur die Erde und nicht die Pflanze selbst zu gießen: Wassertropfen auf den Blättern wirken wie Lupen – sie verstärken die Sonnenstrahlen und verbrennen somit die Blätter. Deshalb sollte man die Gießkanne möglichst direkt am Kübelrand ansetzen.

Richtig Düngen

Damit Balkon- und Kübelpflanzen gut angehen und ihre volle Schönheit entwickeln können, sollten sie regelmäßig gedüngt werden. Auch wenn man langlebige Pflanzen – so nennt man jene, die länger als ein Jahr erhalten bleiben – beim Einpflanzen mit einer Grunddüngung versorgt hat, muss man von Zeit zu Zeit nachdüngen, um eine ausreichende Nährstoffversorgung sicher zu stellen.

Es gibt verschiedene Arten von Dünger. Zunächst unterscheidet man organische von anorganischen Mitteln. Der im Garten meist verwendete organische Dünger ist Kompost: Er liefert nicht nur Nährstoffe, sondern lockert zudem das Substrat und verbessert dessen Struktur.

Anorganische Dünger werden synthetisch hergestellt und versorgen die Pflanzen mit Mineralien wie Phosphat, Stickstoff oder Kalium. Neben Universaldüngern gibt es dabei auch Spezialzusammensetzungen – z.B. für Rosen,

Azaleen oder Tomaten. Sie berücksichtigen die Bedürfnisse bestimmter Pflanzen gezielt. Alle Düngemittel sind in unterschiedlichen Formen z.B. als Granulat, Stäbchen, Tabletten oder Flüssigkonzentrat erhältlich. So genannte Langzeitdünger geben die Nährstoffe nach und nach an das Substrat ab und können – bei guter Qualität – die Pflanze einen ganzen Sommer lang mit Nährstoffen versorgen. Vorsicht ist jedoch vor Überdüngung geboten.

Dauerhafte Pflege

Bei den meisten Pflanzen sind immer wieder kleinere pflegende Eingriffe erforderlich, vor allem während der Blütezeit. So sollte man vertrocknete Blüten, beschädigte oder abgestorbene Triebe regelmäßig entfernen, um der Pflanze

Kraft und Platz für neue Blüten und Triebe zu verschaffen und das schöne Gesamtbild zu erhalten.

Ebenso verhält es sich mit Unkraut: Zum einen bietet unerwünschtes Wildkraut, wie es in der Fachsprache heißt, keinen schönen Anblick. Zum anderen entzieht es dem Substrat unnötig Nährstoffe und kann die Balkon- oder Kübelpflanze sogar beschädigen oder ersticken. Daher sollten unliebsame „Fremdlinge" regelmäßig aus Pflanzgefäßen entfernt werden.

Pflanzen stützen und halten

Viele hoch wachsende Pflanzen brauchen für ihre Entwicklung Stütze oder Halt, allen voran natürlich die Kletterpflanzen. Aber auch bei Rosen oder Tomaten empfehlen sich Rankhilfen. Sie verhindern z.B., dass Triebe unter zu starker Frucht- oder Blütenlast brechen.

Die Auswahl an Rankhilfen ist vielfältig und berücksichtigt die Bedürfnisse der verschiedenen Pflanzentypen: Schlinger benötigen senkrechte Stützen wie Stäbe, Schnüre oder Drähte. Ranker bevorzugen Gitter aus kunststoffummanteltem Draht, Schnüren oder Holz, während Spreizklimmer wie Rosen ein Gerüst mit möglichst vielen waagerechten Elementen bevorzugen. Für Obstarten verwendet man am besten Spaliere.

Gezielter Schnitt

Das regelmäßige Stutzen von Trieben fördert den Austrieb der Pflanze. So entstehen normalerweise zwei neue Triebe, wenn man den Schnitt über einer Knospe setzt. Man unterstützt mit solch einem Rückschnitt Blütenbildung, Fruchtertrag oder dichteres Wachstum.

Der genaue Zeitpunkt und die Art des Schnitts ist von Pflanze zu Pflanze sehr unterschiedlich. So blühen einige Pflanzen ein zweites Mal, wenn man sie nach der ersten Blüte zurückschneidet. Viele Kübelpflanzen werden jedoch erst im Spätherbst vor dem Überwintern beschnitten.

Neben dem Rückschnitt empfiehlt sich bei einigen Gewächsen für eine besondere Optik ein Formschnitt. Neue Triebe werden so gekürzt und festgebunden, dass sie in die gewünschte Richtung und Form weiter wachsen. Beliebt ist er vor allem bei Buchs oder Koniferen, die man gern zu Kugeln oder Pyramiden formt. Eine Alternative ist auch der Kronenbaum: Zuerst kappt man alle Seitentriebe, bis die Pflanze die gewünschte Höhe erreicht. Dabei wird die Pflanze mit einem Haltestab gestützt. Dann schneidet man die Spitze ab und entspitzt in regelmäßigen Abständen die Seitentriebe, um zahlreiche Verzweigungen zu erreichen.

Überwintern

Bis auf einige wenige winterfeste Pflanzen überstehen die meisten Balkon- und Kübelgewächse den Winter nicht ohne Vorsichtsmaßnahmen. Vor allem Frost gefährdet Balkon- und Kübelpflanzen: Die Gefäße kühlen schnell aus, das Wasser in ihnen gefriert und besonders Tonkübel können so bei Frost leicht platzen.

Die meisten nicht winterharten Pflanzen sollten zu Beginn der kalten Jahreszeit an einen hellen, kühlen Platz gebracht werden, der möglichst nicht geheizt wird, aber eine Temperatur von 0 °Celsius nicht unterschreitet. Gut geeignet sind zum Beispiel Treppenhäuser und natürlich Wintergärten. Daneben gibt es einige Pflanzen, die stark zurückgeschnitten und dann dunkel überwintert werden sollten, z.B. in Keller oder Garage.

Große Gewächse, die draußen überwintern müssen, sollten zunächst an einen möglichst geschützten Ort gestellt werden, z.B. nahe an Mauern, in Nischen oder an windabgewandten Wänden. Der Kübel oder Kasten wird am besten mit Luftblasenfolie (Verpackungsmaterial) verpackt. Dazu das Gefäß mehrfach mit der Folie umwickeln und diese mit Draht am Kübelrand befestigen. Alternativ kann man die Behältnisse auch mit Stroh oder Binsen vor der Kälte schützen. Zudem sollten die Gefäße keinen direkten Bodenkontakt haben und z.B. auf Styroporplatten gestellt werden.

Beim Überwintern ist ganz wichtig, auf den Feuchtegrad der Erde zu achten. In der Regel müssen die Gewächse nur alle vier bis sechs Wochen gewässert werden. Ansonsten vertrocknen sie. Bei den Pflanzen, die hell überwintert werden wollen, wie z.B. Palmen, ist meist häufigeres Gießen erforderlich.

Entscheidend ist, dass man die Pflanzen vor dem ersten Frost sichert und nicht zu früh wieder ins Freie setzt. Denn so schön beispielsweise warme Märztage auch sein mögen – bis zu den Eisheiligen ist immer wieder mit gefährlichen Kälteeinbrüchen zu rechnen.

Umtopfen

Pflanzen wachsen nicht nur sichtbar in die Höhe und Breite, sondern auch ihre Wurzeln breiten sich aus und vermehren sich. So brauchen Kübelpflanzen in der Regel nach zwei bis drei Jahren ein größeres Gefäß. Ansonsten erhöht sich die Gefahr von Staunässe, da die Wurzeln bis in die Dränageschicht wachsen. Außerdem verlieren vor allem hohe und schwere Gewächse ihren Halt. Auch die Nährstoffe des Substrats werden von der Pflanze verbraucht, sodass im neuen Topf eine erneute Grunddüngung erfolgen sollte. Die Schritte beim Umtopfen gleichen dabei denen der Erstbepflanzung (siehe Seite 36).

Zum Austopfen fasst man die Pflanze wenn möglich am unteren Ende, hebt sie an und schlägt mit einem Holz vorsichtig rundherum auf den Topfrand. Sollte sich der Wurzelballen so nicht

lösen, kann man zunächst am inneren Topfrand mit einem Messer senkrecht zwischen Gefäßrand und Wurzelwerk entlangfahren. Sollten die Wurzeln bereits durch das Loch im Gefäßboden durchgewachsen sein, kann man diese ohne Schaden für die Pflanze wegschneiden.

Danach setzt man den Ballen in den neuen, größeren Kübel ein. Üppig wachsende Stauden wie Agapanthus oder Iris, können beim Umtopfen zugleich geteilt werden. Dazu wird der Wurzelballen mit einem scharfen Messer durchtrennt. Die Schnittstellen werden mit Holzkohlestaub vor Fäulnis geschützt. Zu dichtes Wurzelwerk sollte gegebenenfalls gelockert werden.

Pflanzen von A bis Z

Die Pflanzenauswahl

Die richtige Pflanze

Sieht man einmal von einigen wenigen Großgewächsen – beispielsweise Bäume wie Eiche oder Mammutbaum – ab, kann man fast jede Pflanze in einem Topf oder Kübel halten, vorausgesetzt, dass dieser groß genug ist. Und so ist das Spektrum all derjenigen Gewächse, die sich heute rund um den Globus auf Balkonen und Terrassen finden, unglaublich groß.

Gleichwohl gibt es allerdings eine ganze Reihe von Pflanzen, die sich besonders für Töpfe, Kübel & Co. eignen. Die über 120 Pflanzenportraits auf den folgenden Seiten stellen die wichtigsten von ihnen vor.

Die Auswahl erhebt dabei keinen Anspruch auf Vollständigkeit und spiegelt die Präferenzen der Redaktion wider. Zum Teil stellen die Portraits ausführlicher bestimmte Unterarten vor, die sich für den Balkon und die Terrasse besonders eignen oder sich großer Beliebtheit erfreuen.

Die Infoboxen

Damit die Auswahl für das eigene Pflanzenparadies etwas leichter fällt, findet sich bei jedem Portrait eine kleine Infobox. Sie informiert zunächst über den geeigneten Standort: Die Sonnensymbole zeigen an, ob sich das Gewächs an einem sonnigen, halbschattigen oder schattigen Standort wohl fühlt.

In der zweiten Zeile ist die Wachstumshöhe benannt. Diese kann je nach Sorte allerdings sehr unterschiedlich ausfallen. Bei mehreren Sorten beziehen sich die Angaben auf die häufigsten Arten – Verweise, welche Sorten eventuell höher oder niedriger wachsen, finden sich in den Textbeschreibungen.

Die Blütezeit schließlich ist in Monaten angegeben: Es sind die römischen Zahlen neben dem Blumensymbol. Wenn die Pflanze zu keiner Zeit ein Blütenbild zeigt, fehlt diese Angabe.

Acer palmatum

150–200 cm

V–VI

Fächerahorn

Besonders gegen Ende des Sommers, wenn die Blumenpracht auf Balkon und Terrasse langsam vergeht, hat man viel Freude an der wunderschönen Herbstfärbung des Fächerahorns. Die charakteristische Blattform ist sicherlich

verantwortlich für die botanische Bezeichnung Acer, die aus dem Lateinischen kommt und soviel wie scharf oder spitz bedeutet.

Der Fächerahorn ist von breit ausladendem Wuchs und trägt von Mai bis Juni purpurrote Blüten, aus denen im Spätsommer rote Früchte entstehen. Die frischgrüne Sommerfarbe der je nach Sorte mehr oder weniger tief geschlitzten Blätter verwandelt sich im Herbst in ausgesprochen dekorative, leuchtende Gelb-, Orange- und Rottöne.

Pflanzt man das attraktive Laubgehölz in Kästen oder Kübel, sollte man darauf achten, niedrige Sorten auszuwählen. Hier sind die zierlicheren 'Dissectum'-Sorten sehr geeignet, die etwa 150 bis 200 cm hoch werden. Einige Beispiele sind 'Dissectum atropurpureum' mit sehr feinen und dicht geschlitzten, weinroten Blättern, 'Dissectum garnet' mit tiefroten, und 'Dissectum nigrum' mit dunkel-braunroten Blättern.

Acer palmatum sollte an einem halbschattigen, windgeschützten Platz stehen und bevorzugt frische, humose Erde.

Agapanthus

Schmucklilie

Das Besondere an dieser ursprünglich in Südafrika beheimateten und hierzulande sehr beliebten Kübelpflanze sind die auf aufrechten, unbeblätterten Stielen stehenden, doldenartigen Blütenstände. Diese machen die Schmucklilie zu einem wahren Blickfang auf Balkon oder Terrasse.

Aus dem dichten Schopf der schmalen, riemenförmigen Blätter, die schwungvoll über den Rand des Kübels hängen, erheben sich meterhohe Stiele. An diesen erscheinen zwischen Juli und September die dekorativen Blütenbälle, in denen zahlreiche kleine, trich- terförmige Blüten zusammengefasst sind. Sie blühen zumeist blau, es gibt jedoch auch weiße Sorten. Insgesamt wird die Pflanze je nach Art und Sorte 70 bis 150 cm hoch.

Die Schmucklilie sollte an einem warmen, geschützten Platz in voller Sonne stehen. Am besten gedeiht sie in nährstoffreicher, durchlässiger Erde, wobei sie reichlich gegossen und gedüngt werden muss. Staunässe sollte dabei vermieden werden, damit die fleischigen Wurzeln nicht faulen. Man wählt am besten ein recht massives und stabiles Gefäß für die Pflanze aus, da sie es mit ihren kräftigen Wurzeln sonst sprengen könnte.

70–150 cm

VI–IX

Beispiele für bekannte Arten sind Agapanthus praecox, Agapanthus africanus oder Agapanthus companulatus.

Agave americana

50–200 cm

VII–IX

AGAVE

Die vielseitig einsetzbaren Agaven lassen sich wunderbar mit diversen anderen – vor allem mit auffällig blühenden – Kübelpflanzen kombinieren. Dabei können die eindrucksvollen Blätter sowohl Hintergrunduntermalung als auch besonderer Blickfang sein.

Die immergrüne Agave bildet markante Blattrosetten aus bläulich grünen, breit lanzettlichen Blättern mit Dornen an den Rändern. Wer die Blüte seiner Agave erleben will, muss Glück und sehr viel Geduld haben, dauert es doch selbst in ihrem natürlichen Lebensraum unter optimalen Bedingungen schon etwa 10 bis 15 Jahre, bis die Pflanze endlich Blüten ausbildet. Diese sind gelb und erscheinen an sehr langen Stielen. Nach der Blüte stirbt dann die Mutterpflanze ab. Insgesamt kann Agave americana 50 bis 200 cm hoch werden.

Die ursprünglich aus Trockengebieten in Mexiko und im Mittelmeerraum stammende Agave gehört zu den Sukkulenten. Das bedeutet, sie kann in ihren Blättern Wasser speichern und sollte daher nur mäßig gegossen werden. Die wärmeliebende Pflanze bevorzugt einen möglichst sonnigen, sonst auch halbschattigen Standort, an dem sie vor Regen geschützt sein sollte. Beim Hantieren mit Agaven ist Vorsicht geboten, da man sich an den spitzen Blattdornen schnell verletzen kann.

Allium schoenoprasum

ca. 30 cm

V–VII

Schnittlauch

Der mit der Zwiebel verwandte, im Geschmack aber erheblich feinere Schnittlauch ist als Küchenkraut allseits bekannt und beliebt. Frisch geerntet ist er ein Hochgenuss zu Eiern, Saucen, Suppen, Salaten, Quark, Kartoffel- oder Fischgerichten. Er soll appetitanregend und verdauungsfördernd wirken. Zudem sind die grünen Halme ausgesprochen dekorativ und werden gern zum Garnieren benutzt.

Die mehrjährige Pflanze kann eine Höhe von etwa 30 cm erreichen. Die röhrenförmigen Blätter sind je nach Sorte dünner oder dicker. Zwischen Mai und August erscheinen

an den grasartigen Büscheln sehr dekorative, tiefviolette bis dunkelrosa Blütenkugeln, mit denen sich im Blumenkasten schöne Akzente setzen lassen. Besonders attraktive Sorten sind zum Beispiel die weiß blühende 'Corsican White' und die rot blühende 'Forescate'.

Man sollte sich allerdings entscheiden, ob man den Schnittlauch als Zier- oder Gewürzpflanze verwenden will, denn die Blüten kosten die Pflanze unnötig Kraft und sollten gegebenenfalls rechtzeitig entfernt werden.

Auf Balkon und Terrasse bevorzugt der Schnittlauch einen nicht zu warmen Platz in Sonne bis Halbschatten. Er gedeiht am besten in lehmig humoser Gartenerde.

Beim Ernten schneidet man die Röhrchen einige Zentimeter über dem Boden ab und wartet dann, bis neue nachwachsen. Schnittlauch wird nicht gehackt, sondern möglichst mit einem scharfen Messer geschnitten und frisch auf die Speisen gestreut. Er kann getrocknet verwendet werden, verliert dabei allerdings an Aroma.

Inzwischen gibt es auch den so genannten Knolau (Allium tuberosum), eine Kreuzung aus Schnittlauch und Knoblauch. Er wird wie Schnittlauch gepflegt und kann eine Höhe von 40 bis 50 cm erreichen.

Aloe

50–100 cm

V–VI

Aloe

Die Gattung Aloe umfasst eine große Zahl verschiedener immergrüner Staudenarten. Die meisten kommen ursprünglich aus Afrika, Madagaskar und Arabien. Typisches Merkmal für Aloen sind ihre sukkulenten Blätter, in denen sie Wasser speichern und so auch längere Trockenperioden überstehen können. Damit haben sie sich optimal an die Lebensbedingungen in ihrer Heimat angepasst.

Auch bei uns bevorzugen Aloen einen warmen, hellen und trockenen Standort in der Sonne. Ihr Wasserbedarf ist nicht besonders hoch; das bedeutet, es reicht die Erde im Pflanzgefäß mäßig feucht zu halten. Während der Winterzeit benötigen die Pflanzen weniger Wasser. Man sollte beim Gießen darauf achten, dass keine Staunässe entsteht, da dies leicht zu Fäulnis führen kann.

Als Kübelpflanzen eignen sich die Aloen sehr schön zum Gestalten von exotischen und wüstenähnlichen Bildern auf Balkon oder Terrasse. Aus der Vielzahl der Arten sollen zwei kurz vorgestellt werden:

- ALOE VERA: Die wohl bekannteste Aloen-Art ist die Aloe vera, die Echte Aloe. Sie wird nicht nur aufgrund ihres hohen Zierwerts geschätzt, sondern auch wegen des Saftes ihrer Blätter, dem heilende, entspannende oder kosmetische Wirkung zugeschrieben wird. Sie erreicht eine Höhe von etwa 50 bis 60 cm und besitzt eine grundständige Rosette aus lanzettlichen, fleischigen, graugrünen Blättern. Die röhrigen, gelben Blüten entwickeln sich in endständigen Trauben.

- ALOE STRIATA: Aloe striata ist eine fast stammlose Sukkulente mit dichter Rosette aus lanzettlichen, fleischigen, rötlichgrünen, weißrandigen Blättern. Diese Sorte trägt im Sommer schöne und üppige Blüten. Sie sind orangerot und erscheinen an endständigen Trauben. Insgesamt wird die Pflanze etwa 100 cm hoch.

Antirrhinum

Löwenmäulchen

Drückt man eine Blüte von Antirrhinum majus vorsichtig zwischen Daumen und Zeigefinger zusammen, dann öffnet sie sich wie ein kleines Maul – daher der deutsche Name Löwenmäulchen. Die Pflanze ist in vielen Farbtönen erhältlich und sorgt in Balkonkästen und -kübeln für fröhliche, bunte Akzente. Ob man die Löwenmäulchen nun mit schlicht weiß blühenden Pflanzen kombiniert oder Blumen mit gleicher Blütenfarbe wählt: Der Fantasie sind keine Grenzen gesetzt.

Die Pflanzen können eine stattliche Höhe von bis zu 200 cm erreichen. Hier wird sich allerdings auf die kompakteren, für Topf- und Kübelkultur geeigneten Sorten beschränkt. Diese werden etwa 10 bis 30 cm hoch und wachsen buschig bis polsterartig oder hängend. Die Blätter sind länglich und dunkelgrün. Zur Blütezeit zwischen Juni und Oktober erscheinen die weißen, roten, gelben, rosafarbenen, orangefarbenen oder auch zweifarbigen Blüten in aufrechten Trauben.

Das Löwenmäulchen zeigt sich an einem sonnigen Standort besonders blühfreudig, kommt aber auch im Halbschatten zurecht. Es sollte regelmäßig gegossen werden, wobei Staunässe allerdings zu vermeiden ist. Wird Verblühtes stets entfernt, kann man den Blütenflor bis in den Herbst hinein genießen.

Argyranthemum frutescens

25–100 cm

V–X

Strauchmargerite

Argyranthemum frutescens, auch als Chrysantemum frutescens oder Strauchmargerite bekannt, gehört zu den Standard-Kübelpflanzen und erfreut sich aufgrund ihres robusten Charakters stets großer Beliebtheit.

Die immergrünen Halbsträucher tragen blaugrüne, tief zerteilte Blätter. Je nach Art und Sorte sind diese rein grün oder eher silbrig grau gefärbt. Zwischen Mai und Oktober

erscheinen die langgestielten Korbblüten, die weiß, gelb oder rosa sein können. Bei Sorten mit goldgelben Blüten kann es sich auch um Euryops-Arten handeln, die mit der Gattung Argyranthemum nahe verwandt und auch als Gelbe Strauchmargeriten bekannt sind. Wenn die verwelkten Blüten regelmäßig entfernt werden und die Pflanze unter günstigen Bedingungen (hell und kühl) überwintert wird, kann sie auch ganzjährig blühen.

An einem Platz in voller Sonne zeigt sich die Margerite besonders blühfreudig. In der Wachstumszeit sollte sie gegossen werden. Sehr beliebt und dekorativ sind dabei üppige Büsche oder Hochstämmchen, die in dekorative Kübel gepflanzt zum Blickfang werden. Sie lassen sich schön mit kleineren Pflanzen, wie zum Beispiel Männertreu, Petunien oder Pelargonien unterpflanzen. Schwachwüchsigere Sorten eignen sich auch für Balkonkästen.

Aristolochia durior

500–1000 cm

VI–VII

Pfeifenwinde

Ihren deutschen Namen Pfeifenwinde verdankt Aristolochia durior ihren interessanten Blüten, die kleinen Tabakpfeifen ähneln. Sie sind jedoch von eher unscheinbarer gelbbräunlicher Farbe und meist unter den Blättern verborgen. Das dekorative Blattwerk der Kletterpflanze ist dagegen sehr beliebt, wenn es um die Begrünung von Mauern, Zäunen oder Wänden geht, und bietet außerdem einen idealen Sichtschutz.

Je nach Kletterhilfe und Topfgröße kann die kräftig wachsende, laubwerfende Pflanze 500 bis 1000 cm hoch klettern. Die dekorativen Blätter sind sattgrün, breit herzförmig und liegen dachziegelartig übereinander. Die Blüten, mit denen die Pflanze Insekten fängt, erscheinen zwischen Juni und Juli.

Insgesamt ist die Pfeifenwinde relativ pflegeleicht. Sie verträgt keine allzu pralle Sonneneinstrahlung, sondern fühlt sich an einem windgeschützten Standort im Halbschatten bis Schatten besonders wohl. Aufgrund der großen Verdunstungsfläche der Blätter braucht sie besonders im Sommer viel Wasser.

Egal wo man sich am üppigen Blattwerk der Pfeifenwinde erfreuen will, man sollte für geeignete, senkrechte Kletterhilfen sorgen. Dazu sind sowohl Spanndrähte als auch Spaliere geeignet.

Bambusa ventricosa

200–300 cm

Bambus

Bei den verschiedenen Arten der Gattung Bambusa handelt es sich um horstbildende, immergrüne Pflanzen, die ursprünglich im tropischen Asien, Afrika und Amerika beheimatet sind. Auf Balkon und Terrasse sorgt Bambus für exotisches Flair und asiatische Akzente. Der Bambus gedeiht gut an einem sonnigen bis halbschattigen Standort. Das Substrat sollte immer feucht gehalten werden, besonders im Sommer, wenn die Sprosse austreiben. Zu nasse Wurzelballen sind dabei ebenso schädlich wie allzu lange Trockenheit.

Eine besonders auffällige und dekorative Art ist Bambusa ventricosa. Charakteristisch für diesen Bambus sind die bauchig verdickten Internodien (Sprossabschnitte zwischen zwei Gelenken oder Knoten des Stängels), welche ihm auch den Namen „Buddhas-Bauch-Bambus“ eingebracht haben. Besonders ausgeprägt tritt diese Eigenschaft unter armen Standortbedingungen zutage, was man beispielsweise mit einem kleinen Pflanzgefäß sowie wenig Wasser und Nährstoffen erreichen kann. Dekorativ sind auch die lineal-lanzettlichen, dunkelgrünen Blätter der Pflanze, die etwa 12 cm lang werden. Am Naturstandort ist sie oft über 10 m hoch, im Kübel bleibt es bei 200 bis 300 cm.

Begonia tuberhybrida

15–50 cm

V–X

Knollenbegonien-Hybriden

Früher meist als Zimmerpflanzen genutzt, sind Begonien blühende Universaltalente: Da die ursprünglich aus Südamerika stammenden Pflanzen leicht zu kreuzen sind, entstand durch Züchtung von Hybriden eine riesige Auswahl hängender und stehender Arten, mit gefüllten und einfachen Blüten in allen Farben außer Blau und Violett. In Kübel oder Kästen gepflanzt lassen sich schöne Akzente auf Terrassen und Balkonen setzen. Und auch für Hängeampeln gibt es passende Sorten.

Knollenbegonien sind berühmt für ihre besonders lange Blütezeit, die von Mai bis Oktober reicht. Es ist immer wieder verblüffend, welche Farbenpracht innerhalb weniger Wochen aus den unscheinbaren Knollen entsteht. Die teils rosen- oder anemonenartigen Blüten sind bis zu 10 cm groß, die Blütenblätter können sehr stark gekräuselt oder gefranst sein. An dicken, fleischigen Trieben sitzen die asymmetrischen, dunkelgrünen Laubblätter, die von der Mittelrippe in zwei verschieden große Hälften geteilt werden.

Da Begonien nicht winterhart sind, werden sie erst im Mai nach den Eisheiligen ins Freie gepflanzt. Will man die Blütezeit verfrühen, so pflanzt man die Knollen schon im April in Töpfe und stellt sie bis Mai im Zimmer auf. Sobald keine Frostgefahr mehr besteht, können die Pflanzen nach draußen.

Dort bevorzugt die Begonie einen halbschattigen Standort. Somit eignet sie sich für Balkone und Terrassen mit Morgen- oder Abendsonne. Darüber hinaus benötigt die Pflanze relativ viel Wasser. Die Erde sollte immer leicht feucht gehalten und der Boden gelegentlich gedüngt werden. Großblumige Sorten werden mit Stäben gestützt, Verblühtes sollte regelmäßig entfernt werden.

Es gibt sehr viele Sorten von Knollenbegonien, unterteilt nach ihren Wuchs- und Blüteneigenschaften:

- 'MULTIFLORA-GRUPPE': Kleinblumige Knollenbegonien; Wuchshöhe 15 bis 20 cm, Blütengröße 2 bis 4 cm, gut sonnenverträglich.
- 'MULTIFLORA-MAXIMA- und FLORIBUNDA-GRUPPE': Mittelblumige Knollenbegonien; Wuchshöhe 20 bis 30 cm, Blütengröße 5 bis 9 cm.
- 'GRANDIFLORA-COMPACTA-GRUPPE': Großblumige Knollenbegonien; Wuchshöhe 30 bis 50 cm, Blütengröße 10 cm.
- 'FLORE-PLENO-PENDULA- oder PENDULA-GRUPPE': Ampel- oder Hängebegonien; bilden relativ dünne, hängende Triebe aus und sind damit hervorragend zur Bepflanzung von Blumenampeln geeignet.

Beta vulgaris

30–50 cm

VII–X

Mangold

Geriet der Mangold als Gemüsepflanze auch etwas in Vergessenheit, ist er in den letzten Jahren zumindest zu einer beliebten Zierpflanze geworden. Seine großen Blätter sind nämlich nicht nur wohlschmeckend, sondern auch ausgesprochen dekorativ, also Gaumenfreude und Augenschmaus zugleich.

Beim Mangold unterscheidet man zwischen zwei grundsätzlichen Kulturformen, dem Stielmangold und dem Blattmangold. Die Blätter beider Arten bereitet man ähnlich wie Spinat zu, wobei man beim Stielmangold auch die Blattstiele und -rippen in der Küche verwenden kann.

Die Pflanze besitzt aufrechte, langgestielte, runzelige oder glatte hell- bis mittelgrüne Blätter. Die attraktiven Stiele sind beim Blattmangold meist gelb, bei den Sorten des Stielmangolds können sie weiß oder leuchtend rot sein. Insgesamt wird Mangold etwa 30 bis 50 cm hoch.

Auf Balkon oder Terrasse bevorzugt Beta vulgaris einen windgeschützten, sonnigen bis halbschattigen Standort. Ab Ende April kann er in ausreichend große Gefäße gesät werden. Die Erde im Topf oder Kasten sollte stets gut feucht gehalten werden. Den Blattmangold kann man zwei, den Stielmangold drei Monate nach Aussaat ernten.

Bidens

15–45 cm

V–X

Zweizahn

Bidens (deutsch: Zweizahn) gehört einfach auf jeden Balkon. Mit kaum einer anderen Pflanze lassen sich solche Akzente von leuchtendem und ausdauerndem Gelb setzen. Dabei stellt vor allem die Kombination mit rot und blau blühenden Pflanzen eine reizvolle Möglichkeit dar, Farbe auf den Balkon zu bringen. Außerdem ist Bidens pflegeleicht und beansprucht lediglich in heißen Zeiten etwas Aufmerksamkeit, da Trockenheit nicht vertragen wird.

Ursprünglich stammt Bidens aus Mexiko und Südarizona. Die Pflanze aus der Familie der Korbblüter gehört zu den kräftigsten und wuchsfreudigsten Balkonpflanzen und wird auch gern zur Ampelbepflanzung eingesetzt.

Die Blätter des Zweizahns sind fiedrig bis leicht haarig und mittelgrün. Aus dem Zentrum der Pflanze wachsen Dutzende sich ständig verzweigende krautige Triebe hervor, an deren Enden die Blüten sitzen. Die Blüten selbst bestehen aus einem einfachen Kranz goldgelber, zugespitzter Blütenblätter, die um eine etwas dunklere Mitte angeordnet sind. Sie verströmen einen angenehm süßlichen Duft und locken so eine Vielzahl von Bienen und Hummeln an.

Bidens ist ein wahrer Dauerblüher. Mit seinen überhängenden Trieben taucht er Balkonkästen und Blumenampeln den ganzen Sommer lang in sonniges Gelb. Von Mai bis Oktober erscheint immer wieder eine Vielzahl der gelben Blüten. Verwelkte Blüten erneuert der Zweizahn auch ohne Hilfestellung unermüdlich.

Zwei beliebte, im Handel erhältliche Sorten des Bidens sind 'Goldmarie' und 'Goldfieber'. Ihre überreiche Blütenfülle in sonnigem Gelb harmoniert schön mit roten oder violetten Petunien, Vanilleblumen oder Fächerblumen. Reizvolle Kombinationen ergeben sich auch mit Blauer Mauritius, Blauen Gänseblümchen und weiß blühenden Hängepelargonien.

Bougainvillea

100–300 cm

V–IX

Drillingsblume

Der französische Seefahrer Louis Antoine de Bougainville, der diese Pflanze in Südamerika entdeckte, stand Pate bei der Namensgebung. Im Deutschen ist das dekorative Gewächs auch unter der Bezeichnung Drillingsblume bekannt. Mit ihrem üppigen und farbenprächtigen Blütenflor vermittelt die Bougainvillea pure Urlaubsstimmung auf Balkon oder Terrasse.

Die Pflanze wächst strauchig und rankend. Im Kübel kann sie eine stattliche Höhe von bis zu 300 cm erreichen. Sie besitzt eiförmige bis lanzettliche mittelgrüne Laubblätter. Die kleinen Einzelblüten sind weiß und relativ unscheinbar, werden aber von wunderschönen, farbenprächtigen Hochblättern in violett, rot, weiß, orange oder pink umrahmt. Die Blütezeit liegt zwischen Mai und September.

Für Bougainvilleen sollte man einen möglichst warmen, voll sonnigen Standort wählen, an dem die Pflanzen vor Wind und Regen geschützt sind. Die Triebe benötigen außerdem Halt durch Spaliere oder Stützstäbe, an denen sie angebunden werden und sich hochranken können. Während der Wachstumszeit sollte man die Pflanzen reichlich gießen, dabei aber Staunässe vermeiden.

Man kann Bougainvilleen gut mit anderen farbenprächtigen Gewächsen, wie etwa Oleander oder auch Hibiskus, kombinieren; sie passen aber auch gut zu Blattschmuckpflanzen, beispielsweise zu Palmen.

Es gibt zahlreiche Arten und Sorten dieser attraktiven Pflanze. Für die Bepflanzung von Kübeln eignet sich die Bougainvillea glabra sehr gut. Beliebte Sorten sind die robuste, purpurviolett blühende 'Sanderana' oder die weiß blühende 'Snow White'. Etwas empfindlicher, aber ebenfalls sehr dekorativ sind die Sorten von Bougainvillea x buttiana: 'Golden Yellow' mit orange-gelben, 'Mrs. Butt' mit purpurfarbenen, oder 'Scarlet Queen' mit scharlachroten Blüten.

Brugmansia

150–400 cm

VII–IX

Engelstrompete

Mit ihren sehr großen, beeindruckenden Blüten gehört Brugmansia, die früher auch unter der botanischen Bezeichnung Datura bekannt war, für viele zu den attraktivsten und beliebtesten Kübelpflanzen. Verströmt sie in den Abendstunden ihren unvergleichlichen, betörenden Duft, fühlt man sich sofort in eine entspannte Urlaubsstimmung versetzt.

Vorsicht giftig!

Fast alle Pflanzenteile der Engelstrompete sind sehr giftig! Wer kleine Kinder hat, sollte diese nicht unbeaufsichtigt in die Nähe der Pflanzen kommen lassen, oder sich für eine andere, ungiftige Kübelbepflanzung entscheiden. Atmet man den Duft der Engelstrompeten zu lange und tief ein, kann dies bei empfindlicheren Menschen zu Schwindelgefühlen und Kopfschmerzen führen.

Der deutsche Name Engelstrompete ist zweifelsohne auf die trompetenartige Form der nickenden, manchmal überhängenden Blüten zurückzuführen, die bis zu 50 cm lang werden können. Je nach Art und Sorte sind sie zwischen Juli und September zu bewundern, wobei die Farbpalette von Weiß über Apricot und Rosa bis hin zu Goldgelb reicht. Die Blätter der als Strauch oder kleiner Baum wachsenden Pflanze sind meist groß, länglich-oval und von dunkelgrüner Farbe. Insgesamt werden Engelstrompeten zwischen 150 und 400 cm hoch.

Ein sonniger bis halbschattiger und windgeschützter Standort ist optimal für die Engelstrompete. Da sie während der Wachstumszeit einen besonders hohen Wasser- und Nährstoffbedarf hat, sollte man sie möglichst viel und ausgiebig gießen sowie regelmäßig düngen. Abgeblühte und welke Blüten und Blätter müssen laufend entfernt werden. Zum Überwintern wird die Pflanze bis aufs Holz zurückgeschnitten und dann dunkel gelagert, zum Beispiel in Keller oder Garage.

Bei der Gestaltung auf Balkon oder Terrasse empfiehlt es sich, die attraktive Pflanze so zu platzieren, dass ihre Blütenpracht voll zur Geltung kommt. Im Folgenden sollen Beispiele für beliebte Arten und Sorten gegeben werden.

- BRUGMANSIA AUREA: Diese auch Goldene Engelstrompete genannte Art zeichnet sich durch besonders große Blätter aus. Sie blüht je nach Sorte in weiß, apricotfarben, rosa oder goldgelb.

- BRUGMANSIA SUAVEOLENS: Diese Art wird auch Duftende Engelstrompete genannt. Beliebte Sorten sind zum Beispiel die gelb blühende 'Goldtraum' und die rosa blühende 'Rosa Traum'.

- BRUGMANSIA SANGUINEA: Wie die deutsche Bezeichnung Blutrote Engelstrompete schon andeutet, trägt diese Art meist rotgelbe bis orangerote Blüten.

Buxus sempervirens

Buchsbaum

Der auch als Gewöhnlicher Buchsbaum bezeichnete Buxus sempervirens spielt schon lange eine große Rolle in der Gartengestaltung und -kunst. Er eignet sich allerdings nicht nur als Ziergehölz und für Beeteinfassungen, sondern ist auch eine sehr beliebte Kübelpflanze. Seine dichten, mit dunkelgrün glänzenden Blättern belaubten Zweige machen ihn das ganze Jahr über zu einem attraktiven Begleiter für verschiedene Blütenschmuckpflanzen.

Pflanzt man den Buchsbaum in Blumenkübel, bleibt er aufgrund des begrenzten Wurzelraums allerdings mit

30 bis 200 cm Höhe wesentlich kleiner als in freier Natur. Er besitzt kleine, eiförmige Blätter, die vor allem bei warmem Wetter einen etwas strengen Geruch verströmen. Von März bis Mai erscheinen die eher unscheinbaren gelblichen Blüten. Alle Pflanzenteile, besonders die Blätter, sind giftig.

30–200 cm

III–V

Der Buchsbaum ist relativ anspruchslos und einfach zu pflegen. Er fühlt sich an sonnigen wie halbschattigen Plätzen gleichermaßen wohl und kann sich sogar an schattige Stellen gewöhnen. Während der Wachstumszeit muss er nur mäßig gegossen werden, sollte allerdings nicht zu stark austrocknen. Das ganze Jahr hindurch kann man die Bäume durch Schneiden kompakt halten.

Wer kreativer ist, und sich die Mühe machen möchte, kann diese Bäumchen auch durch kunstvolle Formschnitte, zum Beispiel in einer dekorativen Kugel-, Spiral-, Pyramiden- oder Kegelform, in Szene setzen.

Die Sorte 'Suffruticosa', auch Zwergbuchs oder Einfassungsbuchs genannt, ist besonders gut für die Bepflanzung von Kübeln geeignet, da sie nur maximal 100 cm hoch wird. Sie ist von kompaktem Wuchs und besitzt mittelgroße, kräftig frischgrüne Blätter.

Camellia japonica

100–300 cm

II–IV

Kamelie

Bereits seit dem 18. Jahrhundert ist die ursprünglich aus Ostasien stammende Kamelie eine allseits bewunderte und beliebte Zierpflanze. Die wunderschönen Sträucher mit den edlen Blüten waren damals häufig in Schlossgärten anzutreffen und ein Bestandteil adliger und hochbürgerlicher Kultur, was auch im Roman „Die Kameliendame“ von Alexandre Dumas widergespiegelt wird.

Eine besonders weit verbreitete Art ist die Camellia japonica. Der immergrüne Strauch besitzt glänzend dunkelgrüne, ovale bis spitzovale, am Rand leicht gezähnte Blätter. Besonders dekorativ sind die großen Blüten, die man von Januar bis April bewundern kann. Meist sind sie intensiv rot bis rosafarben, manchmal auch weiß. Je nach Sorte variiert nicht nur die Blütenfarbe, sondern auch die Blütenform. So gibt es ungefüllte, halbgefüllte oder dicht gefüllte sowie anemonenförmige Blüten. Insgesamt wird die Pflanze etwa 100 bis 300 cm hoch.

Besonders wohl fühlen sich die Kamelien an einem halbschattigen oder absonnigen, geschützten Standort. Sie gedeihen am besten in humoser, leicht saurer Erde. Hier eignet sich auch Rhododendronerde. Während der Wachstumszeit sollten die Pflanzen reichlich und regelmäßig gegossen, aber nur mäßig gedüngt werden. Das Austrocknen des Wurzelballens ist ebenso ungünstig wie Staunässe. Nach der Blüte kann man die Kamelien durch Zurückschneiden der zu lang gewordenen Triebe wieder in Form bringen. Während der Wintermonate benötigt die Pflanze einen hellen, frostfreien Standort.

Am besten kommen die beeindruckenden Gewächse in Solitärstellung zur Geltung. Vor dunklen Mauern, Wänden oder Hecken ergeben sich mit den leuchtenden Farben der Blüten fröhliche Farbkontraste. Auch in Kombination mit Grünpflanzen lassen sich malerische Bilder schaffen.

Campanula

10–100 cm

V–IX

Glockenblume

Wie kleine Glöckchen erscheinen die zarten Blüten dieser bezaubernden Pflanze. Daher auch die deutsche Bezeichnung Glockenblume und der botanische Name Campanula, der aus dem Lateinischen kommt und ebenfalls Glocke bedeutet.

Campanula besitzt grüne, herzförmige bis lanzettliche Blätter, die bei einigen Arten dicht behaart sind. Die Blüten, die neben blau und violett auch weiß oder rosa sein können, erscheinen zwischen Mai und September.

Die eher anspruchslose und relativ pflegeleichte Pflanze bevorzugt einen warmen und sonnigen Standort, kann aber auch im Halbschatten gedeihen. Da sie keine Staunässe verträgt, sollte sie nur sehr mäßig gegossen werden. Es ist ratsam, verwelkte Blüten regelmäßig zu entfernen.

Je nach Art und Sorte können Glockenblumen zwischen 10 und 100 cm hoch werden. Für Balkon und Terrasse sind aber eher die niedrig wachsenden Pflanzen geeignet. Zwei Beispiele dafür sollen im Folgenden kurz vorgestellt werden.

- CAMPANULA POSCHARSKYANA: Diese auch als Hängepolsterglocke bezeichnete Art bleibt sehr niedrig und eignet sich daher gut für Kübelbepflanzung. Die Pflanze bildet flächige, dichte Blütenteppiche mit sternartigen Blüten. Die überhängenden Triebe können bis zu 60 cm lang werden und wirken ausgesprochen dekorativ, wenn sie füllig aus Blumenampeln heraushängen. Beliebte Sorten sind beispielsweise die weiß blühende 'E.H. Frost', die etwa 15 cm hoch wird, oder die blau blühende, etwa 20 cm hohe 'Blauranke'.

- CAMPANULA PORTENSCHLAGIANA: Diese aus Dalmatien stammende Art wird auch als Dalmatiner Glockenblume bezeichnet. Sie wird etwa 10 bis 15 cm hoch. Eine bekannte Sorte ist die dunkelblau blühende 'Birch Hybrid'.

Campsis radicans

Trompetenblume

200–300 cm

VII–IX

Ihren dekorativen, an kleine Trompeten erinnernden Blüten hat diese ursprünglich in Nordamerika heimische Pflanze ihren deutschen Namen Trompetenblume zu verdanken. Sie machen den blühfreudigen Kletterstrauch zu einem farbenprächtigen Blickfang, mit dem sich auf Balkon oder Terrasse exotisch anmutende Akzente setzen lassen.

Die Trompetenblume besitzt hellgrünes, gefiedertes Laub, das auch außerhalb der Blütezeit für Schmuck und Zierde sorgt. Zwischen Juli und September trägt sie ihre prächtig leuchtenden, rot-orangefarbenen Blüten, die 6 bis 8 cm lang sein können.

Mit ihren Haftwurzeln kann die Pflanze generell selbst an Mauern und Wänden emporklettern; bei jüngeren Gewächsen sind ein Klettergerüst oder Stäbe, an denen man die Triebe festbindet, hilfreich. Wird die Trompetenblume frei ausgepflanzt bis zu 10 m hoch, erreicht sie im Kübel immer noch eine stattliche Höhe von etwa 200 bis 300 cm.

Am besten wählt man für die Trompetenblume einen sonnigen und windgeschützten Platz aus. In der Wachstumszeit sollte man darauf achten, sie reichlich zu gießen und bis in den August wöchentlich zu düngen. Es empfiehlt sich, die verwelkten Blüten regelmäßig zu entfernen.

Canna indica

30–100 cm

VI–X

Indisches Blumenrohr

Wer der Blumenpracht auf seinem Balkon oder seiner Terrasse einen leicht exotischen Anstrich geben möchte, liegt mit Canna indica, auch als Indisches Blumenrohr bekannt, genau richtig. Die großen, leuchtenden Blüten der ursprünglich im tropischen und subtropischen Amerika beheimateten Pflanze sorgen für wunderschöne Farbakzente.

Canna indica ist eine buschig und aufrecht wachsende Staude mit großen, eilanzettlichen bis lanzettlichen Blättern von dunkelgrüner, manchmal auch rot-brauner Farbe. Zwischen Juni und Oktober schmückt sich das Indische Blumenrohr mit Trauben oder Rispen aus lilienartigen Blüten.

Es gibt diverse verschiedene Hybriden der Canna indica, bei denen das Farbspektrum der Blüten von leuchtendem Rot über zartes Orange bis hin zu Gelbtönen reicht, wobei die Blüten einfarbig oder mehrfarbig gemustert sein können. Je nach Sorte werden die Pflanzen 30 bis 200 cm hoch.

Das Indische Blumenrohr bevorzugt einen vollsonnigen, windgeschützten Standort in nährstoffreicher Erde. Die Erde im Kübel sollte nie vollständig austrocknen, daher ist regelmäßiges und reichliches Gießen wichtig. Durch das Entfernen verwelkter Blüten kann man einen dauerhaften Flor erzielen. Zum Überwintern schneidet man die Canna indica stark zurück und lagert die Knollen dunkel und frostfrei.

Für die Bepflanzung von Kübeln sollte man sich für eher niedrig wachsende Sorten entscheiden, die alle nur etwa 50 bis 100 cm hoch werden. Beispiele für solche Zwergsorten sind 'Lucifer' mit roten, zart gelb umrandeten Blüten, 'Prinz Carneval', deren gelbe Blüten rot gesprenkelt sind, die gelb blühende 'Puck', die rot blühende 'Perkeo' oder die rosa bis lachsrot blühende 'Alberich'.

Capsicum

30–150 cm

V–VIII

Paprika

Die zur Familie der Nachtschattengewächse gehörende Gattung Capsicum wird vor allem als Gemüsepflanze kultiviert. Sowohl die Pflanze als auch die Frucht werden als Paprika bezeichnet, wobei es für die Frucht weitere Namen gibt, welche Unterschiede in Schärfe, Größe oder Farbe kennzeichnen. So umfasst Capsicum neben diversen Zier- oder Gewürzpaprikasorten beispielsweise auch die schärferen Pepperoni und Chilischoten. Die Vielfalt der erhältlichen Arten und Sorten ist riesig. Generell lässt sich feststellen: Je kleiner die Früchte, umso schärfer sind sie.

Neben dem Nutzen von Capsicum als Gemüsepflanze darf man allerdings auch ihren hohen Zierwert für Balkon oder Terrasse nicht unerwähnt lassen. Die je nach Art und Sorte unterschiedlich großen und geformten Früchte in meist leuchtenden Orange- oder Rottönen sind ausgesprochen dekorativ.

Die entweder einjährigen oder kurzlebigen Stauden tragen wechselständige, lanzettliche bis eiförmige, mittelgrüne Blätter. Aus den glockigen, weißen oder gelben Blüten, die zwischen Mai und August erscheinen, entstehen etwa ab Ende Juli die hängenden, meist zapfenförmigen Früchte, die in der Regel zunächst grün sind, bei Reife dann gelb, orange oder rot werden. Capsicum kann bis zu 150 cm hoch werden.

Am besten wird die kälteempfindliche Pflanze im warmen Haus ausgesät und vorkultiviert oder bereits als Jungpflanze gekauft. Etwa ab Mai kann sie dann draußen aufgestellt werden. Da Capsicum sehr tief wurzelt, sollte man auf ausreichend tiefe Gefäße achten.

Die ursprünglich in Mittel- und Südamerika beheimatete Pflanze gedeiht am besten an einem geschützten und sehr sonnigen Standort. Besonders in der Wachstumszeit sollte sie regelmäßig gegossen werden, verträgt allerdings keine Staunässe. Regelmäßiges Besprühen der Blüten fördert den Fruchtansatz.

Cassia didymobotrya

60–200 cm

VII–X

KERZENSTRAUCH

Besonders auffällig am Kerzenstrauch sind die aufrechten, mit zahlreichen leuchtend gelben Blüten besetzten Blütentrauben, die weit über das Blattwerk hinausragen und an Kerzen erinnern.

Die lange Blütezeit von Juli bis Oktober kann bei günstiger Überwinterung, zum Beispiel im Wintergarten, bis zum nächsten Frühjahr ausgedehnt werden. Eine weitere Besonderheit des immergrünen Strauches sind seine vielfach gefiederten Blätter, die sich abends zusammenfalten, um sich vor Wärmeverlusten zu schützen. Bei leichter Berührung verströmen sie einen intensiven Duft nach Erdnussbutter, weshalb die Pflanze auch als Erdnusskassie bekannt ist. Cassia kann etwa 60 bis 200 cm hoch werden.

Die aus dem tropischen Afrika stammende Pflanze liebt einen vollsonnigen, warmen Standort, der zudem windgeschützt sein sollte. Je nach Außentemperatur sollte sie mäßig bis reichlich gegossen werden, wobei der Wurzelballen nie austrocknen sollte.

Neben dem Kerzenstrauch, der Cassia didymobotrya, ist die Cassia floribunda eine sehr beliebte Art. Diese blüht allerdings nicht kerzen- sondern kelchartig und beeindruckt vor allen Dingen mit ihrem gelben Blütendekor.

Citrus

Zitrusgewächse

Kaum eine andere Pflanze verkörpert den Traum vom sonnigen Süden mehr als die verschiedenen Arten der Zitrusgewächse. Kein Wunder, sind die dekorativen Pflanzen doch vornehmlich in warmen Regionen, beispielsweise rund um das Mittelmeer, anzutreffen. Will man sich also Urlaubsstimmung pur nach Hause holen, sollte man sich unbedingt für die ein oder andere Citrus-Art als Kübelpflanze entscheiden. Besonders schön sind dabei Kombinationen mit anderen mediterran anmutenden Gewächsen, wie z.B. Oleander, Bougainvilleen oder Hibiskus.

Alle Zitrusgewächse sind Sträucher oder Bäume, deren mehr oder weniger stark bedornte Zweige mit etwas ledrigen, immergrünen Blättern besetzt sind. In den Blattachseln entspringen weiße, manchmal rosaviolett überhauchte Blüten, die man zwischen März und September, bei optimalen Bedingungen sogar ganzjährig bewundern kann. Nicht minder dekorativ sind natürlich die oft essbaren Früchte, die sich später aus den Blüten entwickeln. Im Kübel werden die Pflanzen etwa 100 bis 300 cm hoch.

Die verschiedenen Citrus-Arten sollten an einem vollsonnigen, vor Wind und Regen geschützten Standort platziert werden. Beim Gießen gilt es ein gesundes Mittelmaß zu finden, d.h. Ballentrockenheit ist ebenso zu vermeiden wie Staunässe. Alle Citrus-Gewächse sind nicht winterhart. Sie sollten deshalb während der eiskalten Jahreszeit in frost-

100–300 cm

III–IX

freien, hellen Räumen untergebracht werden, z.B. im Treppenhaus. Im Folgenden sollen einige Beispiele für bekannte Arten kurz vorgestellt werden.

- CITRUS AURANTIUM: Aus den besonders angenehm duftenden Blüten dieser Art entwickeln sich die so genannten Pomeranzen, die aufgrund ihres bitteren Geschmacks auch Bitterorangen genannt werden. Sie ähneln Orangen, sind aber kleiner und haben eine dickere Schale. Aus den roh ungenießbaren Früchten kann man allerdings Marmeladen, Liköre und Orangeat herstellen. Hat man nur wenig Platz zur Verfügung, empfiehlt sich die schwach wüchsige Sorte Citrus myrtifolia, die so genannte Myrtenblättrige Bitterorange.

- CITRUS LIMON: Bei dieser Art handelt es sich um die Zitrone. Die Pflanze wächst meist als kleiner Baum. Die faustgroßen, gelben oder gelb-grünen, sauren Früchte, die sich aus den duftenden Blüten bilden, dürften jedem bekannt sein.

- CITRUS RETICULATA: Die klein bleibende, buschig wachsende Art trägt die süßen, leuchtend orangefarbenen Mandarinen.

- CITRUS SINENSIS: Bei den süßen runden Früchten dieser Art handelt es sich um die bekannten Orangen.

- CITRUS X PARADISI: Dies ist die Grapefruit mit ihren gelben, säuerlichen Früchten, die vor allem wegen ihres Saftes geschätzt werden.

Clematis

150–500 cm

IV–IX

Waldrebe

Die Clematis erfreut sich in letzter Zeit immer größerer Beliebtheit. Das liegt sicherlich nicht zuletzt an ihrer wunderschönen, üppigen Blütenpracht, wegen der sie für viele auch als „Königin der Kletterpflanzen" gilt. Im Handel wird heutzutage eine fast unüberschaubare Artenvielfalt angeboten. Die verschiedenen Arten und Sorten unterscheiden sich hauptsächlich in Wuchs- und Blattform, Blütezeit sowie Form und Farbe der Blüten.

In Pflanzgefäßen von geeigneter Größe können die dekorativen Pflanzen auf Balkon oder Terrasse ihren vollen Charme entfalten. Dabei sollte man ihnen unbedingt eine geeignete Kletterhilfe bieten. Hier eignen sich beispielsweise Gittergerüste, Schnüre, Drähte, Stäbe oder Maschendrahtzäune. Je nach Sorte und äußeren Bedingungen kann die Pflanze im Kübel etwa 150 bis 500 cm hoch werden.

Wie die deutsche Bezeichnung Waldrebe schon nahelegt, handelt es sich bei Clematis ursprünglich um eine Waldpflanze. So ist es verständlich, dass sie sich an einem halbschattigen Standort wohl fühlt. Idealerweise sind dabei die Blüten im Licht, während der Wurzelbereich möglichst kühl und schattig liegen sollte. Um einen „kühlen Fuß" zu gewährleisten, kann man die Pflanze im Kübel mit niedrigen Pflanzen, Steinen oder einer Mulchschicht abdecken.

Die Clematis benötigt besonders in der Wachstumszeit reichlich Wasser und sollte regelmäßig gegossen werden. Da sie auf Staunässe empfindlich reagiert, sollte man im Kübel für eine gute Dränage sorgen.

Für Kübelkultur empfiehlt es sich, auf eher schwachwüchsige Wildarten oder Hybriden zurückzugreifen. Einige Beispiele hierfür sollen im Folgenden kurz vorgestellt werden:

- CLEMATIS ALPINA: Diese früh blühende Art, die auch als Alpen-Waldrebe bezeichnet wird, trägt ihre blauvioletten Blüten etwa zwischen April und Juni und wird circa 200 bis 300 cm hoch.

- CLEMATIS MACROPETALA: Diese laubwerfende Art trägt ihre blauen bis violettblauen Blüten ebenfalls zwischen April und Juni. Auch sie wird nicht höher als 200 bis 300 cm.

- CLEMATIS 'THE PRESIDENT': Diese reichblütige Hybride trägt ihre besonders großen, blauen bis purpurnen Blüten zwischen Juni und September. Sie wird etwa 200 bis 300 cm hoch.

- CLEMATIS 'JACKMANII': Diese spät blühende Hybride trägt ihre purpurnen bis blauvioletten Blüten zwischen Juli und September. Sie wird etwa 300 cm hoch.

Cortaderia selloana

50–250 cm

VIII–X

Pampasgras

Cortaderia selloana, auch als Pampasgras bekannt, gehört sicher zu den schönsten Ziergräsern und kann auf Balkon und Terrasse zu einem wahren Blickfang werden. Es eignet sich sehr gut als Kübelpflanze und bietet eine reizvolle Hintergrundkulisse und Begleitung für bunt blühende Balkonblumen. Aber auch in Solitärstellung verfehlt das attraktive Gras mit seinen auffälligen Wedeln seine Wirkung nicht.

Das Pampasgras wächst dichtbüschelig und horstbildend. Die schmalen, langen, gebogenen Blätter sind mittelgrün und bereift. Einen hohen Zierwert haben die länglichen Blütenrispen mit den kleinen, seidigen, weißen bis rosafarbenen Ähren. Sie erscheinen je nach Sorte zwischen August und Oktober. Die Pflanze kann zu einer stattlichen Höhe von 50 bis 250 cm heranwachsen.

Beispiele für sehr schöne Sorten sind die 120 cm hohe 'Pumila' mit silberweißen Ährenblüten, die bis 250 cm hohe 'Sunningdale Silver' mit dekorativ geformten, lockeren, silberweißen Ähren, oder die 200 cm hohe 'Rosea', welche attraktive rosafarbene Ährenblüten trägt.

Cortaderia selloana gedeiht am besten an einem sonnigen und warmen Standort. Es sollte regelmäßig gegossen werden, aber da die Pflanze auf Staunässe empfindlich reagiert, muss unbedingt für gute Dränage im Kübel gesorgt werden.

Cycas revoluta

100–200 cm

Japanischer Palmfarn

Dieser „Dinosaurier" unter den Pflanzen zählt zu den ältesten noch lebenden Pflanzengruppen der Welt. Verwandte, bereits ausgestorbene Arten des Palmfarns soll es schon vor 300 Millionen Jahren gegeben haben. Cycas revoluta wächst ausgesprochen langsam, was ihn zu einer genügsamen und dankbaren Kübelpflanze macht. Ob in Kombination mit anderen Blattschmuckpflanzen oder als Begleiter für Blühpflanzen: Aufmerksamkeit ist dem imposanten Palmfarn immer gewiss.

Die Pflanze bildet einen kräftigen Spross mit einer Rosette aus attraktiven, immergrünen Blättern. Diese stehen aufrecht, biegen sich am Ende aber leicht nach außen um. Die dunkelgrünen Wedel sind farnartig gefiedert. Bei älteren Exemplaren können sich im Zentrum der Blattrosette Blütenstände bilden. Der Palmfarn ist zweihäusig, was bedeutet, dass eine Pflanze entweder nur männliche oder nur weibliche Blüten hat. Bei männlichen Pflanzen bilden sich zapfenartige Staubblätter, bei weiblichen braune, blattartige und dicht behaarte Fruchtblätter.

Der ideale Platz für den Palmfarn ist – vor Wind und Regen weitgehend geschützt – im lichten Halbschatten, er kann aber auch an schattigen Standorten gedeihen. Grundsätzlich muss er vor Regen und Wind geschützt sein. Der japanische Palmfarn benötigt ein helles und frostfreies Winterquartier.

Cyclamen

5–30 cm

Je nach Art:
X–III,
II–III,
VIII–X

ALPENVEILCHEN

Mit ihrer eleganten und ungewöhnlichen Blütenform gehören die Alpenveilchen zu den absoluten Klassikern unter den Topfpflanzen. Ihre Beliebtheit verdanken einige Cyclamen-Arten nicht zuletzt der Eigenschaft, durchgehend von Oktober bis März zu blühen, wenn andere Pflanzen ihre Blütezeit längst beendet haben.

Den meisten ist das Alpenveilchen sicher hauptsächlich als Zimmerpflanze ein Begriff, es fühlt sich aber auch an einem entsprechenden Standort auf Balkon oder Terrasse wohl. Im Winter stellt man die Pflanze am besten an ein helles, aber kühles Nord- oder Ostfenster, denn es verträgt keine warme Heizungsluft oder zu starke Sonne. Es gibt allerdings auch winterharte Arten, die im Freien bleiben dürfen.

Alpenveilchen gedeihen am besten an einem halbschattigen Standort. Deshalb eignen sie sich auch hervorragend für die Unterpflanzung von Hochstämmchen oder Sträuchern.

Während der Blüte darf der Ballen nicht austrocknen. Man sollte allerdings darauf achten, nicht von oben auf die Knolle zu gießen, denn bleibt Wasser in der Vertiefung der Knolle stehen, droht Wurzelfäule. Abgestorbene, welke Blätter und Blüten müssen durch Abdrehen entfernt werden.

- CYCLAMEN COUM: Diese winterharte Art blüht manchmal bereits im Februar, daher auch der deutsche Name Februaralpenveilchen. Die rundlichen Blätter sind glänzend und ungefleckt oder tiefgrün mit silberner Zeichnung. Die Blütenfarbe variiert von Weiß über Rosa bis dunkel Karminrot. Die Pflanze wird 5 bis 8 cm hoch.

- CYCLAMEN EUROPEUM: Das so genannte Europäische Alpenveilchen wird 10 bis 15 cm hoch und besitzt dekorative rundliche bis herzförmige Blätter, die oberseits oft silbrig marmoriert, unterseits meist purpurrot sind. Die stark duftenden rosa bis karminroten Blüten der winterharten Pflanze erscheinen im August.

- CYCLAMEN NEAPOLITANUM: Die auch unter der Bezeichnung Cyclamen hederifolium bekannte, winterharte Art blüht von September bis zum ersten Frost. Die Blüten sind dunkelrosa, rosa oder weiß. Die Pflanze trägt dekorative Blätter mit hübscher Zeichnung und wird etwa 10 bis 15 cm hoch.

- CYCLAMEN PERSICUM: Hierbei handelt es sich um eine Art mit typisch gerundeten, herzförmigen, dunkelgrünen Blättern mit grauer bis silbriger Zeichnung. Die weißen, rosa-, rot- oder purpur gefärbten Blüten erscheinen im späten Herbst und können den Winter hindurch blühen, wenn man die Pflanze vor dem ersten Frost ins Haus holt. Cyclamen persicum wird 20 bis 30 cm hoch.

Dahlia

Dahlie

Benannt wurde die ursprünglich in Mexiko beheimatete Pflanze nach dem schwedischen Botaniker Andreas Dahl. Mit ihren großen, dekorativen Blütenständen in vielen Farben und Farbkombinationen gehören die Dahlien zu den beliebtesten Zierpflanzen. Bis weit in den Herbst hinein, wenn andere Pflanzen ihre schönste Blüte längst hinter sich haben, sorgen die attraktiven Dahlien immer noch für wunderschöne Farbspiele auf Balkon oder Terrasse.

20–130 cm

VII–IX

Inzwischen sind zahllose Zuchtformen im Handel erhältlich. Diese unterscheiden sich nicht nur in Wuchshöhe und Blattform, sondern hauptsächlich in Größe und Form sowie Farbe der Blüten. Dabei reicht das Spektrum von Rot über Rosa, Orange und Gelb bis hin zu Violett und Weiß. Je nach Sorte werden die Pflanzen etwa 20 bis 130 cm hoch.

Die Pflanze bevorzugt einen sonnigen, windgeschützten Standort und sollte sehr reichlich gegossen sowie regelmäßig gedüngt werden. Verwelkte Blüten sollten entfernt werden. Dahlien eignen sich wunderbar für die Bepflanzung von Kübeln oder Kästen. Die Haltung auf Balkon oder Terrasse hat sogar den Vorteil, dass die nicht winterharten Pflanzen direkt im Kübel ins Winterquartier gebracht werden können.

Aus der Fülle der verschiedenen Wild- und Zuchtformen sollte man für Kästen und Kübel eher zu den niedrigeren Hybriden greifen. Dabei sind folgende Beispiele empfehlenswert:

- MIGNON-DAHLIE: Die Mignon-Dahlien werden etwa 30 bis 40 cm hoch. Sie sind einfach und reich blühend.
- TOP-MIX-DAHLIE: Auch diese Pflanzen werden 30 bis 40 cm hoch. Sie sind ungefüllt und von kompaktem Wuchs.
- FIGARO: Wird nur ca. 30 cm hoch und ist mit gefüllten oder halb gefüllten Blüten erhältlich.

Diascia-Hybriden

25–35 cm

IV–X

Elfensporn

Wer zierliche Pflanzen mit aparten Blüten liebt, der liegt mit dem Elfensporn genau richtig. Mit seinen feinen, überhängenden Trieben ist er für Balkonkästen und Ampeln hervorragend geeignet.

Der ursprünglich aus Südafrika stammende Elfensporn wächst kompakt und buschig und wird etwa 30 cm hoch. Aus einer dichten Rosette dunkelgrüner, glänzender Blätter ragen schlanke Stiele nach oben. An jedem Stiel sitzen mehrere rosafarbene oder rosaviolette Blüten mit gelbem, grün getüpfeltem Schlund und zwei hornförmigen Spornen an der Unterseite.

Der Elfensporn ist relativ unempfindlich. Bei richtiger Pflege kann man sich den ganzen Sommer über an seinen anmutigen Blüten erfreuen.

Am besten gedeiht die Pflanze an einem warmen Standort in voller Sonne. Regelmäßiges Gießen ist wichtig, ein Austrocknen sollte ebenso wie Staunässe vermieden werden. Durch gelegentlichen Rückschnitt der abgeblühten Stiele wird die Bildung neuer Blütenstände gefördert.

Die zarten Blüten des Elfensporns sollten nicht mit wuchtig wirkenden Blumen kombiniert werden. Als Nachbarn eignen sich daher z.B. Blaue Gänseblümchen oder Blaue Mauritius ebenso wie gelb blühende Sterntaler oder Husarenknöpfe.

Dryopteris

60–120 cm

WURMFARN

Der Gemeine Wurmfarn (Dryopteris filix-mas) ist in den gemäßigten Zonen Europas, Asiens und Amerikas heimisch. Der Wurzelstock und die Blattstiele des Wurmfarns, vor allem aber die jungen Pflanzen, sind giftig. Seinen Namen verdankt er dem Umstand, dass Extrakte der Pflanze früher in der Medizin als Bandwurmmittel Anwendung fanden.

Am besten gedeiht der Wurmfarn an einem halbschattigen, geschützten Standort. Was die Pflege angeht, ist er relativ anspruchslos, wobei er auch Trockenheit verträgt. Mit seinen filigranen Blättern lassen sich auf Balkon und Terrasse wunderschöne Bilder schaffen. Sie sind beispielsweise eine dekorative Auflockerung zwischen verschiedenen bunt blühenden Kübelpflanzen.

- DRYOPTERIS FILIX-MAS: Der Gemeine Wurmfarn trägt mittelgrüne Wedel mit grünen Mittelrippen. Je nach Sorte wird die Pflanze 60 bis 120 cm hoch.

- DRYOPTERIS AFFINIS: Die langen Wedel der auch unter der Bezeichnung Goldschuppenfarn bekannten

Art sind insbesondere beim Austrieb mit goldbraunen Schuppen attraktiv geschmückt. Die Pflanze wird etwa 80 bis 90 cm hoch.

- DRYOPTERIS ERYTHROSORA: Der so genannte Rotschleierfarn zeigt im Frühling einen sehr schönen, orangeroten Austrieb. Danach ist er grün glänzend. Er kann zwischen 30 und 80 cm hoch werden.

- DRYOPTERIS SIEBOLDII: Diese auch unter dem Namen Japanischer Wurmfarn bekannte Art hat eine für Farne außergewöhnliche Form: Ihre graugrünen Wedel sind nur einfach gefiedert.

Eruca sativa

Rucola, Rauke

Die Rauke ist eine Salatpflanze, die in den letzten Jahren – im Zuge der zunehmenden Beliebtheit der italienischen Küche – besonders unter ihrem italienischen Namen Rucola bekannt geworden ist. Man genießt die zarten Blätter mit dem typischen nussig-würzigen Geschmack pur mit Parmesan und Olivenöl oder als Würzkraut in Blattsalaten.

Die einjährig kultivierte Pflanze bildet eine Rosette aus gelappten oder tief gekerbten Blättern. Diese sind länglich und von dunkelgrüner Farbe. Die Pflanze wird 10 bis 20 cm hoch.

Man kann den schmackhaften Rucola problemlos in Balkonkästen und Töpfen selbst ziehen. Dabei kann er fortlaufend von April bis September direkt in die entsprechenden Pflanzgefäße ausgesät werden. Die Samen dürfen nur ganz leicht mit Erde bedeckt sein. Am besten eignet sich ein Standort in Sonne bis Halbschatten. Das Substrat sollte gleichmäßig feucht gehalten werden, wobei aber Staunässe zu vermeiden ist. Je nach Wärme und Witterung kann man drei bis fünf Wochen nach der Aussaat mit der Ernte beginnen. Man sollte bevorzugt die jungen und zarten Blätter ernten, weil die älteren schnell unangenehm im Geschmack werden können.

10–20 cm

V–X

Erythrina crista-galli

100–300 cm

VII–IX

Korallenstrauch

Wer eine ausgesprochen dekorative, aber relativ pflegeleichte Kübelpflanze sucht, ist mit Erythrina crista-galli gut beraten. Besonders auffällig sind die exotisch anmutenden Blüten, deren korallenrote Farbe wohl den deutschen Namen Korallenstrauch geprägt hat.

Im Kübel erreicht der Strauch etwa 100 bis 300 cm. Er besitzt oft dornige Triebe mit langgestielten, mittelgrünen Fiederblättern, die aus jeweils drei spitzovalen Teilblättern bestehen. Zwischen Juli und September erscheinen die üppigen, langen Blütentrauben, die dicht mit roten Einzelblüten besetzt sind.

Ursprünglich in Brasilien und Argentinien beheimatet, fühlt sich der Korallenstrauch an einem vollsonnigen sowie vor Wind und Regen geschützten Standort besonders wohl. Während der Wachstumszeit darf großzügig gegossen werden, wobei Staunässe vermieden werden sollte.

Bei der Gestaltung des Balkons oder der Terrasse wird der Korallenstrauch in Solitärstellung zu einem ganz besonderen Blickfang. Die attraktiven, leuchtend roten Blüten passen allerdings auch gut zu anderen tropisch wirkenden Arten, wie zum Beispiel Palmen. Zum Überwintern wird die Pflanze bis auf den Stamm zurückgeschnitten und dann dunkel und frostfrei gelagert.

Fargesia

100–500 cm

Bambus

Die zur Gattung Fargesia gehörenden, immergrünen Bambusarten kommen ursprünglich aus feuchten Waldformationen in Zentralchina und dem Nordosten des Himalajas.

Je nach Art bevorzugen Bambusse einen sonnigen bis halbschattigen Standort in fruchtbarer Erde. Man sollte darauf achten, relativ große Gefäße mit ausreichender Dräna-

geschicht zu verwenden, denn die Pflanzen müssen gleichbleibend gut feucht gehalten werden, reagieren aber meist empfindlich auf Staunässe.

Besonders schön kommt der dekorative Bambus in Solitärstellung zur Geltung, wo er sicher viele Blicke auf sich zieht. Mit ihrem interessanten Laubwerk verströmt die immergrüne Pflanze einen Hauch von Fernost. Eine ganz besondere Stimmung kommt auf, wenn die filigranen Blätter leise im Wind rascheln

- FARGESIA MURIELIAE: Der horstbildende Bambus besitzt gelbgrüne, später gelb gefärbte Sprossen, die sich meist im ersten Jahr verzweigen. Sie können sich bei voller Belaubung unter dem Gewicht der kleinen, leuchtend grünen Blätter leicht nach unten biegen. Die Blattscheiden sind flaumig behaart. Die Pflanze erreicht eine Höhe von etwa 100 bis 400 cm. Schöne Sorten sind die 300 cm hohe 'Jumbo', die ebenfalls 300 cm hohe 'Dragon', die etwa 150 bis 250 cm hohe 'Simba', oder die nur 100 bis 150 cm hohe 'Bimbo'.

- FARGESIA NITIDA: Diese langsam wachsende Art bildet einen dichten Horst aus aufrechten, dunkel purpurgrünen Stängeln mit mehligem Überzug. Sie ist von locker überhängendem Wuchs. Mit ihren relativ kleinen, schmal-lanzettlichen, dunkelgrünen Blättern wirkt sie besonders grazil. Die Pflanze kann bis zu 500 cm hoch werden, bleibt im Kübel allerdings bei einer Höhe von 200 bis 300 cm. Fargesia nitida sollte im Halbschatten stehen.

Ficus carica

100–400 cm

IV–IX

Echter Feigenbaum

Die süßen Früchte des Feigenbaums wurden bereits in der Antike als köstliches und nahrhaftes Nahrungsmittel geschätzt. Sie waren außerdem das Symbol für Wohlstand und Fruchtbarkeit. Auch in der Bibel gehört der Feigenbaum zu den am häufigsten erwähnten Gewächsen. Heute wird der Feigenbaum immer noch rund ums Mittelmeer angebaut, und ist hierzulande auch zu einer beliebten Kübelpflanze geworden.

Während die Feigenbäume in freier Natur zu stattlichen Gewächsen werden können, bleiben sie im Kübel strauchförmig und werden etwa 100 bis 400 cm hoch. Besonders dekorativ sind die charakteristischen, großen, sommergrünen Blätter. Sie sind handförmig und drei- bis fünflappig. Die winzigen Blüten, die der Baum zwischen April und September trägt, sind allerdings kaum zu entdecken, denn sie verstecken sich in der Blütenstandsachse. Aus ihnen entstehen dann die birnenförmigen, violetten oder grünlichen Früchte.

Die Pflanze benötigt einen geschützten, warmen Platz. Bis die neuen Blätter ausgewachsen sind, sollte man den

Feigenbaum vor zu starker Sonne schützen, später verträgt er volle Sonne. In der Wachstumszeit sollte man reichlich gießen und regelmäßig düngen. Die Feige verträgt zwar etwas Frost, sollte aber doch geschützt werden.

Auf Balkon oder Terrasse lassen sich die Feigenbäume vielseitig verwenden. Will man eher Mittelmeer-Atmosphäre schaffen, bieten sich natürlich Kombinationen mit anderen mediterranen Kübelpflanzen, wie zum Beispiel Oleander, Hibiskus oder Zitrusgewächsen an. Für tropische Akzente sorgen beispielsweise Fuchsien oder ähnliche Pflanzen mit bunten, exotisch anmutenden Blüten, die einen schönen Kontrast zum dekorativen Laub des Feigenbaums bilden.

Fragaria ananassa

20–30 cm

VI–VII

Gartenerdbeere

Trotz ihres Namens: Botanisch gesehen ist die Erdbeere gar keine Beere, sondern eine so genannte Sammelnussfrucht. Beim roten Teil der Frucht handelt es sich um die verdickte Blütenachse. Die eigentlichen Früchte sind die gelben Nüsschen, die in das rote Fleisch eingebettet sind.

Es gibt mittlerweile eine Vielzahl von Sorten, die auch gut in Töpfen, Ampeln und Balkonkästen wachsen. Außerdem kann man sie in speziellen Erdbeertöpfen oder -trögen ziehen. Dabei handelt es sich um hohe Gefäße mit Pflanznischen rundum, in die man platzsparend mehrere Pflanzen setzen kann.

Erdbeeren benötigen einen sonnigen, windgeschützten Standort. Es empfiehlt sich ein durchlässiger Boden, eine regelmäßige Wasserversorgung, und im Frühjahr sollte ein Langzeitdünger gegeben werden. Die Früchte bewahrt man vor Fäulnis, indem man den Boden mit Stroh abdeckt.

Durch die Kombination verschiedener Sorten lässt sich die Erntezeit verlängern. Einige beliebte Sorten der Gartenerdbeere: 'Honeoye' (reift sehr früh); 'Elvira' (große

Früchte, reift früh); 'Polka' (frühe Sorte, mittelgroße Früchte); 'El-santa' (großfruchtig, mittelfrüh); 'Tenira' (Spätsorte mit großen Früchten); 'Mieze Schindler' (Spätsorte mit kleinen Früchten).

Fuchsia

Fuchsie

Im Volksmund wird sie auch „Glockenstrauch“ genannt: Die Fuchsie begeistert vor allem durch ihre Blüten, die meist zarten, hängenden Glocken ähneln und den Gartenfreund in üppiger Fülle den ganzen Sommer über in ihren Bann ziehen.

Diese Pflanzengruppe ist hierzulande so verbreitet, dass sie trotz ihrer Herkunft aus den Gebirgsregionen des tropischen Mittel- und Südamerikas kaum noch als Exot wahrgenommen wird.

Es handelt sich bei Fuchsien um durchweg laubabwerfende Halbsträucher mit reich verzweigten, hängenden Trieben und elliptischen, dunkelgrünen Blättern. Von Mai bis Oktober bilden sich die rosa, roten, violetten oder weißen Blüten, die einfach, halb oder ganz gefüllt sein können. Der typische Aufbau der Blüten aus Krone und wie ein Überrock darüber schwebendem, gleich- oder andersfarbigem Kelch macht wohl den besonderen Charme dieser zierlichen Pflanzen aus und stachelte die Züchter an, immer neue Varianten zu entwickeln. Heute gibt es tausende von verschiedenen Sorten.

Bestens geeignet für Gärten, Balkone und Terrassen erfreuen sich die problemlosen Pflanzen größter Beliebtheit. Fuchsien bevorzugen im Sommer einen halbschattigen Standort; überwintert werden sie bei 4–8 °C. Während der Wachstumsphase sollte man reichlich gießen, wobei Staunässe und Ballentrockenheit zu vermeiden sind. Gelegentliches Düngen und Überbrausen sind zu empfehlen. Verblühtes und sich bildende Fruchtansätze werden abgezupft.

20–200 cm

V–X

Heute sind Fuchsienstämme besonders als Terrassenpflanzen beliebt. Sie eignen sich aber auch hervorragend, um auf Balkonen für einen so interessanten wie schönen Blickfang zu sorgen.

Aus dem riesigen Sortiment von Fuchsien sollen im Folgenden einige Arten kurz vorgestellt werden.

- FUCHSIA FULGENS: Eine der gebräuchlichsten Arten, wächst strauchförmig, wird 90 bis 180 cm hoch; hängende, scharlachrote, besonders lange röhrenförmige Blüten.

- FUCHSIA MAGELLANICA: Die Scharlachfuchsie ist Elternpflanze einer Reihe von Hybriden. Diese Art ist besonders kälteresistent. Ihre herabhängenden Blüten sind violettblau und rot gefärbt und haben lange Staubgefäße.

- FUCHSIA TRIPHYLLA: Eine kleinwüchsige, strauchförmige Art, 40 bis 60 cm hoch, mit leuchtend korallenroten Blüten.

- FUCHSIA HYBRIDA: Auch Gartenfuchsie genannt. Unter dieser Bezeichnung werden die meisten durch Kreuzung entstandenen Formen zusammengefasst. Es gibt sie aufrecht oder hängend, buschig oder als Stämmchen. Die Wuchshöhe reicht von 30 bis 150 cm, die Blütenfarbe von Weiß, Rot und Rosa bis Blau und Violett. Eignet sich als Balkonpflanze und für Pflanzgefäße aller Art.

Gazania

15–30 cm

V–IX

Gazanie, Mittagsgold

Die schönen, bunten Blüten der Gazanie erinnern ein wenig an die der Gerbera. Weil sie sich vornehmlich in der warmen Mittagssonne öffnen, bei Regen oder Schatten dagegen geschlossen bleiben, wird die Pflanze im Volksmund auch als Mittagsgold bezeichnet.

Die Gazanie besitzt schmale, glänzend dunkelgrüne Laubblätter, die oft ein- oder beidseitig mit grauen, filzigen Haaren besetzt sind. In der Blütezeit von Mai bis September erscheinen die wunderbaren Strahlenblüten mit meist dunklem Zentrum an aufrechten Blütenstielen. Das Farbspektrum reicht von Weiß über Gelb bis hin zu Rosa und Rot, wobei es auch häufig zweifarbige Sorten gibt.

Natürlich sollte das Mittagsgold an einem vollsonnigen Standort platziert werden. Die Erde im Pflanzgefäß muss nährstoffreich und gut durchlässig sein, was beispielsweise mit einer Dränageschicht aus Kies oder Sand erreicht werden kann.

Gegossen wird die Gazanie am besten nur mäßig, wobei auf keinen Fall Staunässe entstehen sollte. Wird Verblühtes regelmäßig entfernt, bilden sich schnell neue Knospen nach. Bei der Wahl von Pflanzennachbarn im Balkonkasten oder -kübel empfiehlt es sich, auf Pflanzen mit ähnlichen Ansprüchen, beispielsweise Mittagsblumen oder Kapkörbchen, zurückzugreifen.

Hedera helix

Efeu

Eine der bekanntesten und beliebtesten Kletterpflanzen ist sicher der Efeu. In der großen Vielfalt der verschiedenen Arten, die sich hauptsächlich in Bezug auf Größe und Wüchsigkeit, aber auch in Blattform und -farbe unterscheiden, ist Hedera helix, auch als Gemeiner Efeu oder Gewöhnlicher Efeu bezeichnet, die bekannteste und am weitesten verbreitete Art in Mitteleuropa.

Der wüchsige Wurzelkletterer besitzt meist drei- bis fünflappige, breit eiförmige bis dreieckige Blätter von glänzend grüner Farbe. Bei älteren Pflanzen bilden sich etwa zwischen September und November eher unscheinbare grün-gelbliche Blüten, die dann zu Früchten heranreifen. Diese sind für den Menschen zwar giftig, dienen aber in den Wintermonaten als Nahrungsquelle für Vögel. In Gefäße gepflanzt erreicht der Efeu je nach Sorte und äußeren Bedingungen eine Höhe von etwa 150 bis 500 cm.

Die ausdauernde, meist frostharte Kletterpflanze bevorzugt einen schattigen bis halbschattigen Standort und sollte in der Wachstumszeit gut feucht gehalten werden. Wie die meisten anderen Kübelpflanzen reagiert auch der

Efeu empfindlich auf Staunässe. Gelegentlich bietet sich ein Formschnitt, ab und zu auch ein stärkerer Rückschnitt an.

Mit dem Efeu ergeben sich zahlreiche Gestaltungsmöglichkeiten. Er eignet sich sehr gut für die Begrünung von Mauern oder Wänden. Man kann die dekorativen Triebe aber auch an Gittern oder Streben emporklettern lassen oder sie zu Hochstämmen ziehen. Attraktiv wirkt Efeu auch als Hängepflanze, wobei man die Triebe einfach aus Blumenkästen oder -ampeln herunterhängen lässt. Da Efeu eine eher schattenliebende Pflanze ist, eignet er sich besonders gut, um dunklere Ecken zu verschönern. Die dekorativen Blätter bilden einen wunderbaren Hintergrund für blühende Pflanzen. Von den unzähligen Sorten des Hedera helix bieten sich aufgrund des langsamen Wachsens folgende Sorten besonders für Kästen und Kübel an.

150–500 cm

IX–X

- BUTTERCUP: zeichnet sich durch fünflappige Blätter aus, die im Schatten eher hellgrün, in der Sonne leuchtend gelb werden.

- GLACIER: besitzt kleine, drei- bis fünflappige graugrüne Blätter mit silbergrauer und cremefarbener Musterung.

- GOLDCHILD: trägt drei- bis fünflappige, graugrüne Blätter mit breitem, goldgelben Rand.

- IVALACE: bildet mittelgroße, fünflappige, dunkelgrüne Blätter mit helleren Blattadern und gewelltem oder gekräuseltem Rand.

Heliotropium aborescens

30–50 cm

V–IX

Vanilleblume

Wegen des betörenden Duftes ihrer Blüten, den man in den Abendstunden besonders intensiv wahrnehmen kann, wird Heliotropium aborescens auch Vanilleblume genannt.

Der buschige Strauch trägt breite ovale bis lanzettliche Blätter, die von oliv- bis dunkelgrüner Farbe sind. Von Mai bis September kann man sich an den Dolden aus dunkelblauen bis violetten Blüten erfreuen. Insgesamt wird die Vanilleblume etwa 30 bis 50 cm hoch.

Die Pflanze bevorzugt einen sonnigen bis halbschattigen Standort, wo sie vor Wind und Regen geschützt sein sollte. Beim Gießen sollte man sowohl ein völliges Austrocknen des Wurzelballens als auch Staunässe vermeiden. Um für einen lang anhaltenden Blütenflor zu sorgen, sollte Verblühtes regelmäßig entfernt werden.

Die lavendelblauen Blüten der Vanilleblume wirken in Begleitung von weiß blühenden Pflanzen besonders schön. Mit etwas Geduld kann man die Pflanze auch als Hochstämmchen ziehen, indem man dem Haupttrieb an Stäben Halt gibt.

Eine der bekanntesten und beliebtesten Sorten ist 'Marine' mit tiefblauen, stark duftenden Blüten, die etwa 50 cm hoch wird.

Hemerocallis

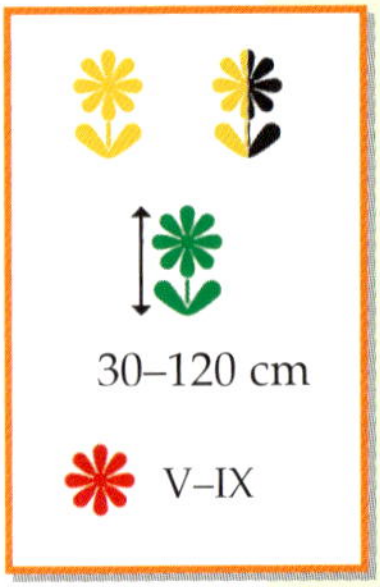

Taglilie

Ihren deutschen Namen Taglilie trägt Hemerocallis, weil sich ihre einzelnen Blüten nur einen Tag halten. Es werden jedoch unaufhörlich neue Knospen gebildet, sodass man den Blütenflor von Mai bis in den September hinein auf Balkon und Terrasse genießen kann.

Inzwischen ist eine fast unüberschaubare Fülle von Sorten der prächtig blühenden Pflanze erhältlich. Sie wächst buschig und trägt gras- oder lilienartige Blätter. Die Blüten können spinnen- oder sternförmig, dreieckig, rund oder gefüllt sein. Die Farbpalette reicht von Gelb und Apricot bis hin zu Rot, Braun oder Blau.

Je nach Sorte können Taglilien etwa 30 bis 120 cm hoch werden. Die relativ robusten Pflanzen fühlen sich an einem sonnigen bis halbschattigen Standort in fruchtbarem, wasserdurchlässigem Boden besonders wohl. Abgeblühte Blüten sollten regelmäßig entfernt werden. Einige schöne Beispiele aus der unglaublichen Hybridenvielfalt sind: 'American Revolution': dunkel purpurbraune bis tiefrote Blüten; 'Corky': zitronengelbe Blüten; 'Prairie Blue Eyes': malvenblaue bis lavendelblaue Blüten.

Heuchera sanguinea

Purpurglöckchen

Heuchera, auch als Purpurglöckchen bekannt, ist Blüten- und Blattschmuckpflanze zugleich, trägt es doch seine besonders reizvollen Blütenrispen über sehr dekorativem Laub, welches grün bis purpurfarben schimmernd sein kann. Es gibt eine Vielzahl von Arten und Sorten, die sich in Blütenfarbe sowie Blattform und -farbe unterscheiden.

Eine sehr dekorative Art ist Heuchera sanguinea. Die matten- oder gruppenbildende Staude hat gerundete oder nierenförmige, flach gelappte oder gezähnte dunkelgrüne Blätter, die zuweilen silbrig oder blassgrün marmoriert sind.

Die großen, röhrigen Blüten, die zwischen Mai und September in offenen Rispen erscheinen, sind meist rot, bei manchen Sorten auch rosa und weiß. Diese Purpurglöckchen wachsen polsterartig und werden etwa 30 bis 40 cm hoch.

An einem Standort in Sonne bis Halbschatten gedeiht die Pflanze besonders gut. Die Erde im Pflanzgefäß sollte fruchtbar und feucht, aber gut durchlässig sein.

Sehr dekorative Sorten sind beispielsweise 'Ruby Bells' mit leuchtend dunkelroten Blütenrispen, oder die weiß blühende 'White Cloud'.

Hibiscus

20–90 cm

VI–IX

Straucheibisch

„Bunga raya“ – „große Blume“ oder „festliche Blume“ – so wird die Hibiskuspflanze in Malaysia genannt, wo sie als Nationalblume verehrt wird. Bei uns ist das dekorative Gewächs mit den großen, leuchtenden Blüten eine beliebte Zierpflanze. Besonders in Kombination mit anderen tropisch anmutenden Pflanzen vermittelt es südliches Flair.

Für die Kübelkultur ist unter anderem Hibiscus syriacus, auch bekannt als Straucheibisch oder Roseneibisch, eine sehr gut geeignete Art. Der buschig aufrechte Strauch trägt eirund-längliche, dreilappige, grob gezähnte Blätter. Die achselständigen Einzelblüten erscheinen von August bis September. Sie sind zwar nur kurzlebig, schieben aber im-mer neue Knospen nach. Das Farbspektrum reicht dabei von Rosa und Weiß bis zu Rot oder Purpur. Im Kübel kann die Pflanze eine Höhe von 200 bis 300 cm erreichen.

Hibiscus syriacus sollte regelmäßig gegossen und gedüngt werden. An einem sonnigen, warmen und geschützten Platz fühlt sich der Straucheibisch besonders wohl. Hier kann er auch im Winter stehen bleiben, sofern der Kübel gut isoliert ist.

Wie groß die Farbvielfalt der verschiedenen Sorten ist, sollen einige Beispiele verdeutlichen:

- BLUE BIRD: Große, blauviolette Blüten mit dunkelrotem Zentrum
- DIANA: Sehr große, weiße Blüten mit welligem Rand.
- LADY STANLE: Gefüllte, weiße, rosa überhauchte Blüten mit dunkelrotem Zentrum.
- RED HEART: Weiße Blüten mit roter Mitte.
- WOODBRIDGE: Große, sattrosa Blüten mit dunkelrosa Zentrum.

Hosta

Funkie

Die Funkie, die auch unter dem Namen Herzblattlilie bekannt ist, wird nicht nur aufgrund ihrer attraktiven Blüten geschätzt, die von Juli bis September in Weiß, Blau oder Violett erstrahlen. Auch die herzförmigen bis lanzettlichen Blätter haben einen hohen Zierwert und bieten eine variantenreiche Formen- und Farbpalette.

20–90 cm

VI–IX

Die langlebigen, horstartig wachsenden Stauden, die etwa 20 bis 90 cm hoch werden, bevorzugen einen Standort im Halbschatten oder Schatten, was sie besonders für die Verschönerung dunklerer Stellen auf Balkon oder Terrasse prädestiniert. Die buntlaubigen Arten und Sorten der Pflanze bieten dabei viele abwechslungsreiche Gestaltungsmöglichkeiten. Einige beliebte Hosta-Arten sollen im Folgenden kurz vorgestellt werden.

- HOSTA CRISPULA: Wie der deutsche Name Riesen-Weißrandfunkie schon vermuten lässt, sind die bis zu 40 cm großen, herzförmigen, weiß gerandeten Blätter der besondere Blickfang dieser Art. Die Blüten sind lavendelblau bis lilafarben.

- HOSTA FORTUNEI: Von der so genannten Graublattfunkie, die weiße oder violette Blüten trägt, gibt es viele Sorten mit unterschiedlichen Blattfarben.

- HOSTA LANCIFOLIA: Wegen ihrer schmalen, lanzettlichen, dunkelgrünen Blätter wird diese Art Lanzettblattfunkie genannt. Sie trägt violette Blüten.

- HOSTA SIEBOLDII: Wie der deutsche Name Weißrandfunkie verrät, besitzt diese Art grüne Blätter mit weißem Rand. Sie blüht weiß oder violett.

- HOSTA VENTRICOSA: Diese auch Glockenfunkie genannte Art ist in verschiedenen grünen oder buntlaubigen Sorten erhältlich, die alle violette Blüten tragen.

Hydrangea

100–200 cm

VI–VII

HORTENSIE

Wer sich jedes Jahr ein wunderbares Blütenmeer auf Balkon oder Terrasse wünscht, kommt sicher nicht an den üppigen und farbenprächtigen Hortensien vorbei. Ihr typisches Kennzeichen sind die großen Blütenbälle, die je nach Sorte eher flach tellerartig, kugelartig oder traubenartig ausgebildet sind. Dementsprechend werden die Pflanzen auch als Teller-, Rispen- oder Ballhortensien bezeichnet.

Hortensien vertragen keine pralle Sonne, sondern bevorzugen einen hellen Standort im Halbschatten. Als Substrat im Pflanzgefäß ist Rhododendronerde gut geeignet. Während der Wachstumszeit sollten die Pflanzen reichlich gegossen werden. Dabei empfiehlt es sich, zu Regenwasser oder entkalktem Wasser zu greifen, denn auf zu viel Kalk im Gießwasser reagiert die Hortensie mit gelb verfärbten Blättern. Bei der Wahl der Kübel muss unbedingt auf eine ausreichende Dränage geachtet werden. Verblühtes sollte regelmäßig entfernt werden.

Bei der Gestaltung von Terrassen und Balkonen sind Hortensien äußerst vielseitig einsetzbar. Mit ihren auffälligen Blüten sind sie bestens als Solitäre geeignet, wirken aber auch sehr schön in Kombination mit farblich passenden Pflanzen, zum Beispiel Fuchsien oder Pelargonien. Einige Beispiele für beliebte Sorten von Hydrangea, die sich gut für Balkon oder Terrassen eignen sind:

- JAPONICA-, MACROPHYLLA-, SERRATA-HYBRIDEN: Diese so genannten Bauernhortensien sind kompakte rundliche Sträucher, die eine Höhe von 200 cm erreichen. Die fleischigen, frischgrünen Blätter sind eiförmig bis spitz oval und bis zu 20 cm lang. Die Blütenfarben variieren je nach Sorte und Boden von weiß über rosa, rot und rotviolett bis zum strahlenden Blau.

- HYDRANGEA ASPERA VAR. MACROPHYLLA: Diese immergrüne Art wird wegen ihrer bis zu 35 cm langen, oberseits samtigen Blätter als Samthortensie bezeichnet. Ihre oft 20 cm breiten Tellerblüten sind innen blau, umgeben von einem Kranz weißer Randblüten.

- HYDRANGEA PANICULATA 'GRANDIFLORA': Die Rispenhortensie wird ebenfalls bis gut 200 cm hoch und trägt im Juli bis August cremeweiße, dichte

Blütentrauben, die im Verblühen nach Rosa wechseln. Wegen ihres flach ausgebreiteten Wurzelsystems ist die Rispenhortensie jedoch nur für große Kübel zu empfehlen.

- HYDRANGEA PETIOLARIS: Die Kletterhortensie kann trotz ihres Namens auch im Kübel als Strauch gehalten werden, wo sie freistehend bis zu 150 cm hoch wird. Eigentlich ist sie aber, wie der Name schon sagt, eine Kletterpflanze, die mit ihren Haftwurzeln an einer rauen Mauer viele Meter hoch steigen kann. Erst nach 5 bis 7 Jahren schmückt sie sich mit üppigen weißen Blütendolden von bis zu 25 cm Durchmesser.

Iberis

10–250 cm

IV–V

Schleifenblume

Iberis ist ursprünglich in Südeuropa beheimatet, wo man sie in freier Natur meist an felsigen Plätzen antrifft. Als Kübelpflanze beeindruckt sie mit ihren auffälligen, üppigen, weißen Blütenkissen und den sehr dekorativen, immergrünen Blättern.

Die Pflanze ist von robustem Wuchs und bildet kompakte Polster, die je nach Art und Sorte 10 bis 25 cm hoch werden. Ihre Triebe sind reich verzweigt und mit lanzettlichen, ganzrandigen, dunkelgrünen Blättern belaubt. In der Blütezeit von April bis Mai zeigen sich die zahlreichen, kleinen, kugeligen Blütenstände. Meist sind die Blüten weiß, bei einigen Arten auch rosa. Schneidet man die Pflanze nach der Blüte zurück, kann sie im Herbst auch ein zweites Mal blühen.

Schleifenblumen sind relativ leicht zu kultivieren. Sie bevorzugen einen vollsonnigen Standort in lockerem, nährstoffreichem Substrat. Im Pflanzgefäß sollte auf gute Dränage geachtet werden. Iberis ist hervorragend zur Einfassung von Balkonkästen und Kübeln geeignet. In größeren Trögen füllt sie Lücken rasch und dekorativ aus.

Bekannte Arten sind z.B. Iberis saxatilis, auch Felsen-schneekissen oder Felsen-Schleifenblume genannt, und Iberis sempervirens, die Immergrüne Schleifenblume.

Ilex

50–300 cm

V–VII

Stechpalme

Die deutsche Bezeichnung Stechpalme ist irreführend, denn mit Palmen haben die Gewächse der Gattung Ilex eigentlich nichts zu tun. Sie umfasst etwa 400 verschiedene Arten meist immergrüner, manchmal auch laubwerfender Bäume, Sträucher oder Kletterpflanzen. Die hübschen Ilex-Zweige mit den roten Früchten sind eine traditionelle Weihnachtsdekoration in Großbritannien und Nordamerika.

Der Zierwert von Ilex liegt eindeutig in den dekorativen, ledrigen Blättern, die je nach Art und Sorte ganzrandig oder stachelig, einfarbig grün sowie weiß oder gelb panaschiert (gemustert) sein können. Aus den eher unscheinbaren, kleinen, weißen bis cremefarbenen Blüten, die zwischen April und Juli erscheinen, entwickeln sich beerenähnliche, meist schwarze oder rote Früchte, die zwar sehr attraktiv aussehen, aber giftig sind. Wer sich an diesen schönen Früchten erfreuen will, sollte bedenken, dass die meisten Arten und Sorten zweihäusig sind; man braucht also mindestens eine weibliche und eine männliche Pflanze.

Besonders zur Herbst- und Winterzeit, wenn viele Pflanzen verblüht sind oder ihr Laub verloren haben, sind die immergrünen Stechpalmenarten mit den großen Früchten ein wahrer Blickfang. In freier Natur können einige Arten zu imposanten Bäumen von 15 m Höhe heranwachsen. Für die Kübelkultur empfehlen sich kompakt und langsam wachsende Exemplare, wie z.B. Sorten von Ilex crenata oder Ilex meserveae, die nur zwischen 50 und 300 cm hoch werden.

Die attraktive Stechpalme gedeiht an einem Standort in voller Sonne bis hin zu Halbschatten besonders gut. Das Substrat im Pflanzgefäß sollte humos und stark wasserdurchlässig sein. Um die Erde gleichmäßig feucht zu halten, sollte regelmäßig gegossen werden. Die Pflanze ist gut schnittverträglich und kann im Sommer in Form gebracht werden.

Impatiens

20–50 cm

IV–X

Springkraut

Berührt man die reifen Früchte des Springkrauts, springen diese sofort auf und schleudern ihre Samen meterweit in alle Richtungen. In freier Natur trägt dieses namensgebende Markenzeichen der Pflanze dazu bei, dass sie sich sehr schnell vermehrt. Wird das Springkraut für die Bepflanzung von Blumenkästen oder -kübeln ausgewählt, ist allerdings eher der ausdauernde Flor hübscher Blüten ausschlaggebend, dessen Farbenspiel man von April bis Oktober bewundern kann.

Neben den zahlreichen Sorten des Fleißigen Lieschens (Impatiens walleriana) sind mittlerweile die Neu-Guinea-Hybriden, eine Kreuzung zwischen zwei auf Neu-Guinea beheimateten Arten, besonders beliebt. Die aufrecht und buschig wachsenden Pflanzen, die zwischen 20 und 50 cm hoch werden können, tragen sehr dekorative, tellerförmige Blüten, die je nach Sorte rot, rosa, pink, weiß, orange oder violett sein können. Sehr schön ist auch das hell- bis dunkelgrüne Laub, welches bei einigen Sorten attraktive weiße, gelbe oder rote Zeichnungen oder Adern aufweisen kann.

Was den Standort angeht, ist das Springkraut relativ unkompliziert und gedeiht sowohl in Sonne als auch in Halbschatten oder Schatten. An einem sehr sonnigen Platz sollte man darauf achten, die Pflanze ausreichend zu gießen. Generell muss sie gleichbleibend feucht gehalten werden, denn die Impatiens verträgt zu große Schwankungen bei der Wasserversorgung nicht.

Mit seinem wunderschönen, lang anhaltenden Blütenflor eignet sich das Springkraut für Kästen, Ampeln und Kübel aller Art. Bei der großen Sortenvielfalt bieten sich natürlich Kombinationen verschiedenfarbiger Sorten an.

Besonders gut geeignet für die Balkonbepflanzung sind die niedrig wachsenden Sorten, wie beispielsweise die orange blühende 'Tango' oder die rot, rosa, violett bis weiß blühende 'Spectra'.

Ipomoea

Prunkwinde

Die zur Familie der Windengewächse gehörende Pflanze ist ein sehr dekoratives Schlinggewächs, das recht schnell an geeigneten Kletterhilfen wie Spalieren, Drähten, Geländern oder Zäunen emporklettert. Dabei erreicht es eine Höhe von 200 bis 300 cm.

Besonders schön wirken die bunten Blüten, die zwischen Juli und Oktober in der dichten frischgrünen Laubwand erscheinen. Mit ihren zahlreichen, meist herzförmigen Blättern eignet sich die Prunkwinde hervorragend zur Begrünung von Sitzplätzen auf Balkon oder Terrasse.

An einem sonnigen und möglichst gut vor Wind und Regen geschützten Standort kann die Prunkwinde ihre ganze Pracht entfalten. Das Substrat im Pflanzgefäß darf nie ganz austrocknen, deshalb empfiehlt es sich, die Pflanze – besonders in der Wachstumszeit – regelmäßig zu gießen.

Einige sehr dekorative Arten der Prunkwinde sind:

- IPOMOEA LOBATA: Die auch als Sternwinde bezeichnete Pflanze trägt zahlreiche kleine, trichterförmige Blüten und karminrot überlaufene Blattstiele. Diese sind anfangs scharlachrot, dann orange und später gelblich weiß.

- IPOMOEA PURPUREA: Die so genannte Purpur-Trichterwinde trägt große, herzförmige, mittelgrüne Blätter und trompetenförmige, bis zu 6 cm breite Blüten in rosa, purpurblau, rot oder weiß.

- IPOMOEA TRICOLOR: Die trichterförmigen Blüten dieser auch unter dem Namen Dreifarbige Prunkwinde bekannten Art sind blau bis purpurn gefärbt und haben einen gelblich weißen Schlund.

Lantana camara

40–200 cm

V–X

Wandelröschen

Der deutsche Name Wandelröschen ist darauf zurückzuführen, dass die Pflanze während der Blütezeit die Farbe ihrer Blüten ändert. Abgesehen von dieser außergewöhnlichen Eigenschaft machen ein reicher, lang andauernder Blütenflor und ein robuster, pflegeleichter Charakter die Wandelröschen zu beliebten Kübelpflanzen.

Der schnell wachsende, immergrüne Strauch ist dicht mit elliptischen, dunkelgrünen, leicht runzeligen Blättern belaubt. Von Mai bis Oktober erscheinen die röhrenförmigen Blüten in dichten Köpfchen. Das Farbspektrum reicht von rot, gelb oder weiß bis hin zu zweifarbigen Sorten. Die Pflanze erreicht eine Höhe von etwa 40 bis 200 cm.

Lantana camara bevorzugt einen sonnigen bis halbschattigen Standort. Während der Wachstumszeit sollte sie regelmäßig gegossen und gedüngt werden. Zur Erhaltung des Flors sollten sowohl Verblühtes als auch die aus den Blüten entstehenden, beerenartigen Früchte stets entfernt werden. Beim Hantieren mit der Pflanze ist Vorsicht geboten, denn alle Teile enthalten starke Giftstoffe.

Besonders hübsch wirken die Wandelröschen als Hochstämmchen im Kübel gezogen, denn dadurch kommt der üppige Blütenflor am besten zur Geltung. Die dekorativen Pflanzen eignen sich aber auch für die Bepflanzung von Ampeln oder Blumenkästen. Mit ihren wunderschönen Blüten locken sie außerdem zahlreiche Schmetterlinge auf Balkon oder Terrasse.

Einige Beispiele für sehr beliebte und bekannte Sorten sind 'Arlekin', in deren dunkelrosa Blüten ein gelbes Auge leuchtet, 'Fabiola', deren lachsrosa Blüten ebenfalls ein gelbes Auge ziert, die gelb blühende 'Goldsonne' oder 'Professor Raoux', welche scharlachrote Blüten mit orangefarbenem Auge trägt.

Lavandula angustifolia

30–90 cm

VI–VIII

Echter Lavendel

Durch den herrlichen Duft von Lavendel fühlt man sich nach Südfrankreich versetzt, wo die Pflanze auf großen Feldern wächst und die blauen Blütenteppiche die ganze Gegend in das typische aromatische Lavendelparfüm einhüllen. Wer sich ein Stückchen Urlaub und mediterranes Flair nach Hause holen will, darf auf Lavendel natürlich nicht verzichten.

Von jeher schätzte man die antiseptische, beruhigende und krampflösende Wirkung von Lavandula angustifolia, und so ist er schon sehr lange als Heilpflanze aus alten Kloster- oder Bauerngärten bekannt. Die duftenden Blüten werden nicht nur in der Parfümindustrie verwendet, sondern sind auch essbar und unter anderem Bestandteil der bekannten Kräuterwürzmischung „Herbes de Provence".

Lavendel besitzt graugrüne Blätter, die unten weißfilzig behaart sind und sich am Rand leicht einrollen. Zwischen Juni und August erscheinen die blau-violetten, manchmal auch weißen oder rosafarbenen Blüten auf den bis zu 40 cm langen, dekorativen Scheinähren. Insgesamt kann ein Lavendelstrauch etwa 30 bis 90 cm hoch werden.

Will man vom herrlichen Duft des Lavendels profitieren, sollte man die Kübel oder Kästen in der Nähe der Sitzplätze postieren, wobei die Pflanze am besten an einem vollsonnigen Standort gedeiht. Eine klassische Dekorationsvariante ist die Kombination von Lavendel mit Rosen. Außerdem sind auch duftende, mediterrane Kräuter wie Thymian oder Rosmarin gern gesehene Pflanzennachbarn.

Die hochwüchsigen Sorten, wie z.B. 'Grappenhall', können sich in größeren Kübeln am besten entfalten, die kleineren Sorten, wie z.B. 'Alba', 'Dwarf Blue', 'Hidcote Blue' oder 'Rosea', eignen sich auch für Blumenkästen oder -töpfe.

Ligustrum

LIGUSTER, RAINWEIDE

Bei den Arten der Gattung Ligustrum, auch als Liguster oder Rainweide bezeichnet, handelt es sich um immergrüne oder sommergrüne Sträucher oder Bäume. Besonders schön kommt das imposante Gewächs in Solitärstellung zur Gel-

tung. Aufgrund der guten Schnittverträglichkeit wird Liguster auch gern in Säulen- oder Pyramidenform gebracht oder als Hochstämmchen gezogen. Für die Kultur im Kübel eignen sich beispielsweise die folgenden Arten gut:

- LIGUSTRUM DELAVAYANUM: Dieser immergrüne, dichte, ausladende Strauch trägt eiförmig-elliptische dunkelgrüne Blätter. Aus den weißen Blüten, die im Juni in bis zu 5 cm langen Rispen erscheinen, bilden sich später kugelige bis eiförmige, blauschwarze Früchte. Die Pflanze wird etwa 200 cm hoch.

- LIGUSTRUM JAPONICUM: Der aufrechte, immergrüne Strauch trägt dunkelgrüne, glänzende Blätter und bis zu 15 cm lange Rispen aus weißen Blüten. Er wird etwa 100 bis 300 cm hoch.

- LIGUSTRUM LUCIDUM: In freier Natur kann der so genannte Glänzende Liguster sich zu einem stattlichen Baum von bis zu 15 m Höhe entwickeln, im Kübel bleibt er aber je nach äußeren Bedingungen wesentlich kleiner. Er besitzt besonders schöne, eiförmige oder ovale, glänzend dunkelgrüne Blätter. Die weißen Blüten erscheinen von August bis September in etwa 15 cm langen Rispen und entwickeln sich dann zu eilänglichen, blauschwarzen Früchten.

An einem Standort in voller Sonne oder im Halbschatten gedeiht Liguster sehr gut. Besonders im Sommer benötigt die Pflanze viel Wasser und reichlich Nährstoffe. Die Erde im Pflanzgefäß sollte wasserdurchlässig sein.

Lilium

40–200 cm

V–IX

Lilie

Seit Menschengedenken wird die Lilie, ähnlich wie die Rose, aufgrund ihrer wunderbaren Blüten und ihres herrlichen Duftes ganz besonders verehrt. So gilt sie in vielen Kulturen als Symbol für Unschuld, Schönheit und Reinheit. Als Zucht- und Schnittblume etablierte sich die Lilie aber erst in den 30er Jahren des 20. Jahrhunderts, als es großen Lilienzüchtern, wie zum Beispiel Jan de Graaf, gelang, mehrere Tausend Hybriden zu züchten. Dies machte es möglich, die hinsichtlich ihrer Ansprüche gezügelten Lilien-Züchtungen auch im Garten zu halten.

Generell fühlen sich alle Lilien an einem sonnigen, windgeschützten Standort besonders wohl. Es gibt allerdings auch Arten, die sich für halbschattige Plätze eignen. Die Pflanzen sollten regelmäßig gegossen werden, vertragen allerdings keine Staunässe. Daher sollte auf gute Dränage geachtet werden.

Gruppenweise in Töpfe und Kübel gepflanzt werden die dekorativen Lilien zu einem attraktiven Blickfang und locken zudem Bienen und Schmetterlinge an. Je nach Art, Sorte oder Hybride können Lilien zwischen 40 und 200 cm

hoch werden, wobei sich für die Bepflanzung von Töpfen und Kästen eher die niedrigeren Exemplare anbieten. Hier einige Beispiele:

- LILIUM LANCIFOLIUM: Diese auch als Tigerlilie bekannte Art besitzt lanzettliche, zerstreut stehende Blätter, die an einem geraden Stängel mit purpurnen Streifen sitzen. Blätter und Stängel sind mit weißen, kurzen Härchen bedeckt. Von Juli bis August erscheinen Trauben aus nickenden, turbanförmigen Blüten. Diese sind orangerot mit dunkelpurpurnen Flecken. Insgesamt wird die Pflanze etwa 60 bis 150 cm hoch.

- LILIUM MARTAGON: Diese Art wird auch Türkenbundlilie genannt. Sie wird etwa 90 bis 180 cm hoch und besitzt purpurrot überlaufene, grüne Sprossen mit quirlständigen, elliptisch bis verkehrt lanzettlichen Blättern. Zwischen Juni und August erscheinen die etwas unangenehm riechenden, nickenden oder hängenden Blüten in einem rispigen Blütenstand. Diese sind rosa bis purpurn mit dunkleren punkt- oder fleckenartigen Zeichnungen. Diese Art eignet sich auch für halbschattige Plätze.

- LILIUM REGALE: Die so genannte Königs-Lilie erreicht eine Wuchshöhe von 50 bis 180 cm. Sie besitzt schmal-lineare, glänzend dunkelgrüne Blätter und trägt von Juni bis Juli Dolden aus trichterförmigen, stark duftenden Blüten, die außen weiß und purpurn überlaufen, zur Basis hin gelblich sind.

- ASIATISCHE HYBRIDEN: Diese von verschiedenen asiatischen Arten abstammenden Zuchtformen tragen ihre Blüten in Trauben oder Dolden und duften meist nicht. Sie tragen wechselständige, schmal eiförmige Blätter.

Lobelia

Lobelie

Die Lobelie, die nach dem flämischen Botaniker Matthias de L'Obel benannt wurde, wird besonders aufgrund ihrer leuchtend gefärbten Blüten geschätzt. Je nach Wuchshöhe und -form der verschiedenen Arten und Sorten eignen sich die dekorativen Pflanzen für Balkonkästen, Schalen oder Töpfe. Es gibt auch hängende Formen, die wie geschaffen für die Ampelbepflanzung sind. Weiterhin stellen Lobelien eine attraktive Unterpflanzung für Hochstämmchen dar, bei denen sie das Austrocknen der Erdoberfläche verhindern.

Lobelia bevorzugt einen Standort in Sonne bis Halbschatten. Die Erde im Pflanzgefäß sollte immer gleichmäßig feucht gehalten werden, daher ist regelmäßiges Gießen zu empfehlen. Zwei sehr bekannte Lobelien-Arten sind:

- LOBELIA CARDINALIS: Diese auch als Kardinal-Lobelie bekannte Art ist eine Staude von aufrechtem Wuchs, die etwa 60 bis 90 cm Höhe erreicht. Die wechselständigen lanzettlichen bis elliptischen Blätter sind grün und oft bronzefarben überlaufen. Von Juni bis September trägt die Pflanze ihre strahlend scharlachroten Blüten.

10–120 cm

V–X

LOBELIA ERINUS: Von dieser auch Männertreu genannten, einjährig kultivierten Art gibt es sowohl aufrecht wachsende als auch überhängende Sorten. Die wechselständigen, lanzettlichen Blätter sind mittel- bis dunkelgrün. In der Blütezeit zwischen Mai und Oktober erscheint ein überreicher Flor von zierlichen weißen, rosafarbenen, violetten oder blauen Blüten. Die Pflanze wird etwa 10 bis 25 cm hoch.

Malus

100–300 cm

IV–V

Apfel

Auch wer keinen eigenen Garten hat, muss auf Äpfel direkt vom Baum nicht verzichten. Gerade die schwachwüchsigeren Sorten kann man bei guter Pflege im Kübel halten. Dabei sollte man darauf achten, Gefäße mit geeigneter Größe von mindestens 10 bis 20 Liter zu wählen, denn auch die kleineren Arten können etwa 100 bis 300 cm hoch werden.

Auch der hohe Zierwert der sommergrünen Bäume darf nicht außer Acht gelassen werden. So kommt Malus je nach Art und Sorte in den unterschiedlichsten, dekorativen Wuchsformen daher, zum Beispiel als Säulenapfel, Spindelbusch, Buschbaum oder Zwergapfel. Besonders attraktiv sind außerdem die weißen bis rosafarbenen, oft wunderbar duftenden Blüten, die von April bis Mai erscheinen. Die eiförmig zugespitzten, sattgrünen, glänzenden Blätter nehmen bei den meisten Sorten wunderschöne Herbstfärbungen an.

Da Apfelbäumchen in der Regel nicht selbstfruchtbar sind, müssen zwei bis drei verschiedene Sorten gepflanzt werden, um eine Befruchtung zu gewährleisten. Bei so genannten „Duo-Äpfeln", bei denen zwei Sorten auf eine Pflanze veredelt sind, ist das nicht nötig. Die Früchte reifen dann zwischen August und Oktober heran.

Die Pflanze bevorzugt einen sonnigen Standort in nährstoffreicher, durchlässiger Erde. Sie sollte gleichmäßig feucht gehalten werden, daher empfiehlt sich regelmäßiges Gießen. Empfehlenswert ist außerdem ein Rückschnitt im Winter. Da die Bäume meist im Freien überwintern, sollte man bei der Wahl des Pflanzgefäßes auf Frostbeständigkeit achten.

Hat man nicht viel Platz zur Verfügung, bietet sich ein Säulenapfel an, der nur etwa 30 bis 40 cm breit wird, da die kurzen Fruchtzweige direkt am Stamm sitzen. Eine sehr schöne Sorte ist zum Beispiel 'Flamenco', ein rotgrüner, saftig-süßer Herbstapfel.

Melissa officinalis

bis 50 cm

VI–VIII

Zitronen-Melisse

Aromatischer Zitronenduft breitet sich aus, wenn man die Blätter der Melissa officinales zwischen den Fingern verreibt – die deutsche Bezeichnung Zitronen-Melisse liegt also im wahrsten Sinne des Wortes „auf der Hand". Früher wurde das Kraut auch für seine Heilkräfte, zum Beispiel bei Unruhezuständen und Einschlafstörungen, geschätzt.

Die üppig wachsende Staude besitzt eiförmige, gezähnte, frischgrüne Blätter. Sie bevorzugt einen sonnigen, warmen und windgeschützten Standort in lehmig-sandiger Erde. Während die Pflanze im Garten gepflanzt durchaus bis zu 100 cm hoch werden kann, wird sie in Balkonkästen oder -kübeln nur etwa 50 cm hoch, wobei sie benachbarte Pflanzen aber schnell überwuchern kann. Die kleinen Blüten, die zwischen Juni und August aus den oberen Blattachseln sprießen, sind weiß bis rosafarben und nicht besonders auffällig.

Die duftenden Blätter der Zitronen-Melisse erntet man am besten frisch. Sie schmecken bittersüß nach Zitrone und verfeinern kalte und warme Getränke sowie Desserts, Eis, Salate, helles Fleisch oder Fisch.

Mentha

30–100 cm

VI–X

Minze

Die Minze mit ihrem typischen aromatischen Duft und Geschmack ist wohl jedem ein Begriff – man kennt den würzigen Geschmack beispielsweise von Pfefferminztee, Kaugummi oder Lutschpastillen. Außerdem ist sie wichtigster Bestandteil in der berühmten englischen Minzsoße.

Besonders im Sommer ist die Minze eine große Bereicherung für den Kräutergarten auf der Terrasse oder dem Balkon, denn durch das in den Blättern enthaltene Menthol wirkt sie kühlend und belebend. So verwendet man sie gern zum Würzen von erfrischenden Sommergetränken, Desserts, Suppen oder Salaten.

Die magenfreundlichen Eigenschaften der Minze sowie ihre krampflösende und schmerzstillende Wirkung machen sie außerdem zu einem beliebten Heilkraut. Man kann die Blätter den ganzen Sommer über frisch pflücken.

Die Pflanze bevorzugt einen feuchten, humusreichen Boden und einen Platz in Halbschatten bis Sonne. Da sich die meisten Arten sehr stark durch Ausläufer verbreiten, empfiehlt es sich, die Minze allein in Balkonkästen oder

Kübeln einzupflanzen. Dort kann sie sich ungestört ausbreiten und behindert andere Pflanzen nicht.

Die Vielzahl von verschiedenen Minzearten und -sorten, zwischen denen man heutzutage wählen kann, ist schwer überschaubar. Im Folgenden sollen zwei sehr bekannte und beliebte Arten kurz vorgestellt werden.

- MENTHA X PIPERITA: Diese auch als Pfefferminze bezeichnete Art zählt zu den wohl bekanntesten Züchtungen. Typisch für diese Edelminze ist ihr besonders intensiver Duft und Geschmack. Die Pflanze besitzt länglich-eiförmige Blätter mit gezähnten Rändern und trägt ihre lila- bis rosafarbenen Blüten zwischen Juni und August. Sie kann je nach Sorte und äußeren Bedingungen zwischen 30 und 100 cm hoch werden. Eine sehr beliebte Sorte ist die 'Mitcham'. Für fruchtige Aromen sorgen die Orangen- oder Zitronenminzen der Gruppe Mentha x piperita citrata.

- MENTHA SPICATA: Diese Art wird unter anderem auch Grüne Minze, Waldminze oder Ährenminze genannt. Sie zeichnet sich im Geschmack dadurch aus, dass sie kein oder sehr wenig Menthol enthält, was ihr ein eher dezentes Aroma verleiht und sie bekömmlicher macht. Die zwischen 30 und 100 cm hohe Pflanze besitzt ovale bis lanzettliche Blätter mit gezähnten Rändern und trägt ihre rosafarbenen bis hell violetten Blüten von Juli bis Oktober. Eine sehr bekannte Sorte ist 'Spearmint', mit deren Aroma Kaugummi, Mundwasser oder Zahncremes aromatisiert werden.

Narcissus

Narzisse

Zusammen mit anderen Zwiebelpflanzen gehören Narzissen zu den Frühlingsboten, die mit schönen Farben und betörenden Düften aufwarten. Der schöne Jüngling Narziss, der in sein Spiegelbild verliebt war und später in eine Blume verwandelt wurde, stand Pate für den Namen dieser bezaubernden Pflanze. Heutzutage ist ein riesiges Sortiment an Narzissenarten und -sorten erhältlich, wobei sich für die Bepflanzung von Balkonkästen und Kübeln eher die kleineren und zierlicheren Wildarten anbieten.

Generell werden Narzissen je nach Art und Sorte 10 bis 45 cm hoch. Ihre überwiegend gelben, manchmal auch weißen oder rosafarbenen Blüten stehen zumeist allein auf einem Stängel und erscheinen zwischen März und Mai.

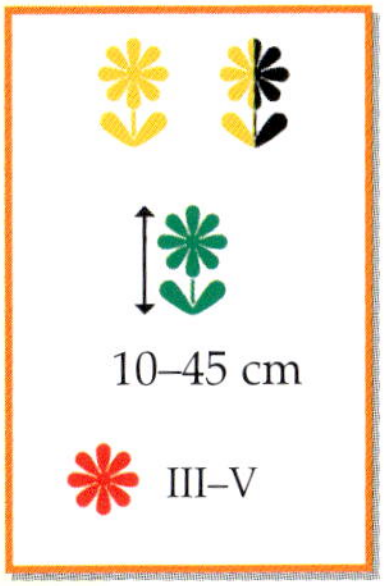

Im Herbst pflanzt man die Zwiebeln 10 bis 15 cm tief in die entsprechenden Gefäße ein, oder kauft im Frühjahr junge Pflanzen. Sehr schön wirken die dekorativen Narzissen in kleinen Gruppen gepflanzt. Am besten gedeihen sie an sonnigen bis halbschattigen Standorten in gut durchlässiger, nährstoffreicher Erde. Hier einige Beispiele für Arten, die sich gut für die Kübelkultur eignen:

- NARCISSUS BULBOCODIUM: Diese Narzissenart wird nur 10 bis 15 cm hoch. Sie besitzt dunkelgrüne Blätter und trichterförmige, dunkelgelbe Blüten.

- NARCISSUS CYCLAMINEUS: Diese 15 bis 20 cm hohe Narzisse trägt hellgrüne Blätter und nickende gold-gelbe Blüten.

- NARCISSUS TRIANDUS: Von dieser Art, die auch als Engelstränen-Narzisse bezeichnet wird, sind besonders die kleineren Formen, die nur 10 bis 30 cm hoch werden, zu empfehlen. Die Blüten sind blassgelb bis cremefarben und sitzen zu mehreren an einem Stiel.

Nerium oleander

100–300 cm

VI–IX

OLEANDER

Will man sich auf Balkon und Terrasse wie im Urlaub fühlen, darf bei der Auswahl der Kübelpflanzen auf gar keinen Fall der Oleander fehlen, denn er ist so etwas wie das Sinnbild für den sonnigen Süden. Besonders beliebt ist er aufgrund seiner farbenprächtigen, üppigen Blütenfülle.

Der immergrüne Strauch wächst locker aufrecht bis ausladend und kann im Kübel etwa 100 bis 300 cm hoch werden. Seine langen, schmalen Blätter sind dunkelgrün. Die Blüten erscheinen zwischen Juni und September in doldenförmigen Rispen an den Triebspitzen und können je nach Sorte weiß, rot, rosa oder gelb sein. Da alle Pflanzenteile giftig sind, ist besonders bei kleinen Kindern Vorsicht geboten.

Der Oleander bevorzugt einen vollsonnigen, vor Wind und Regen geschützten Standort. Im Sommer muss er reichlich gegossen werden. Vor dem Einräumen im Spätherbst kann man die Pflanze wieder in Form bringen, indem man verkahlte Triebe am Ansatz entfernt und überlange kürzt. Um bereits im Herbst gebildete Knospen nicht zu verlieren, empfiehlt es sich, nicht alle Zweige zu kürzen.

Sucht man bei der Gestaltung nach geeigneten Pflanzennachbarn, liegt man mit anderen Pflanzen, die südländisches Flair verströmen, genau richtig. Hier bieten sich beispielsweise Zitrusgewächse, Hibiskus oder Bougainvilleen an. Aber auch Blattschmuckpflanzen wie zum Beispiel Palmen oder Buchsbaum liefern einen dekorativen Hintergrund für die strahlende Blütenpracht.

Das Sortiment an verschiedenfarbig blühenden Sorten des Oleanders ist riesig. Einige Beispiele sind die weiß blühende 'Album Plenum', die zartrosa blühende 'Louis Pouget', die gelb blühende 'Marie Gambetta', die lachsfarben blühende 'Petite Salmon' oder die rot blühende 'Pierre Rondier'.

Ocimum basilicum

15–60 cm

VII–IX

Basilikum

Nicht zuletzt der zunehmenden Beliebtheit der italienischen Küche ist es zu verdanken, dass Basilikum heutzutage in keinem Kräutergarten fehlen darf. Das aromatische Würzkraut ist die klassische Zutat zu Tomaten und Mozzarella, verleiht aber auch zahlreichen anderen mediterranen Gerichten den ganz besonderen geschmacklichen und optischen Pfiff. Auf Balkon oder Terrasse sorgen die Blätter mit ihrem typischen pfeffrig-würzigen Duft für südländisches Flair.

Der auch als Königskraut oder Königsbalsam bekannten Pflanze wird zudem eine heilende Wirkung zugeschrieben. So soll sie appetit- und verdauungsfördernd sowie krampflösend wirken. Basilikum wächst aufrecht und verzweigt. Die länglichen Blätter sind oval und leicht gewölbt. Zwischen Juli und September zeigen sich weiße bis rosafarbene Blüten. Je nach Sorte und äußeren Bedingungen kann Basilikum 15 bis 60 cm Höhe erreichen.

Aufgrund der steigenden Nachfrage nach Basilikum sind mittlerweile diverse Sorten im Handel erhältlich: Beim europäischen Basilikum unterscheidet man zwischen dem

kleinblättrigen, besonders aromatischen und dem großblättrigen, widerstandsfähigeren Basilikum. Ein besonderer Blickfang ist das rotblättrige Basilikum, welches Gerichten nicht nur eine feurig-würzige Note verleiht, sondern auch für dekorative Farbakzente sorgt. Fans der asiatischen Küche greifen zum würzig-aromatischen Thai-Basilikum. Weiterhin werden verschiedene Duftvariationen, wie zum Beispiel Zitronen- oder Anisbasilikum angeboten.

Der einfachste und schnellste Weg, seinen Kräutergarten mit Basilikum zu bereichern, ist sicherlich der Kauf von Töpfen im Gartenhandel oder Supermarkt, die man dann

zu Hause in Kübel oder Balkonkästen eintopft. Die Pflanze bevorzugt einen sonnigen, geschützten Standort in warmem, humosem Boden. Im Sommer sollte sie regelmäßig gegossen werden. Will man Basilikum selbst ziehen, sollte man beachten, dass die Pflanze ein Lichtkeimer ist. Die Samen werden von März bis April am besten auf einer warmen Fensterbank oder im Gewächshaus mit nur wenig Erde bedeckt ausgesät.

Die jungen Triebe und Blätter erntet man am besten vor der Blüte ab Juni. Man streut sie normalerweise immer frisch vor dem Servieren auf die Gerichte, denn durch Hitze verlieren sie an Farbe und Aroma. Basilikum lässt sich auch trocknen, ist dann allerdings nicht mehr so aromatisch. Besser friert man die zerkleinerten Blätter ein, beispielsweise in Eiswürfeln, und konserviert so den sommerlichen Geschmack.

Olea europaea

200–300 cm

VI–VIII

Ölbaum, Olivenbaum

Der Ölbaum, oft auch Olivenbaum genannt, prägt die Landschaft der Mittelmeerländer wie kaum eine andere Pflanze. Kein Wunder, gehören doch die Früchte des Baumes, die Oliven, zu den wichtigsten landwirtschaftlichen Erzeugnissen dieser Region. Für viele Reisende ist das attraktive Laub der Bäume eine Urlaubserinnerung, die sie daheim gern wieder aufleben lassen.

Der immergrüne Baum wächst zunächst recht schnell in die Höhe, verzweigt sich allerdings langsam. Im Kübel erreicht er eine Höhe von etwa 200 bis 300 cm. Das besonders dekorative Merkmal des Olivenbaums sind seine schönen Blätter. Diese haben eine dunkelgrüne Oberseite und eine silbrigweiße, behaarte Unterseite.

Eher unscheinbar sind dagegen die kleinen, cremeweißen Blüten, die von Juli bis August erscheinen. Oliven bilden sich nur, wenn eine andere

Sorte als Bestäuber vorhanden ist, da die Blüten selbst unfruchtbar sind. Die schmackhaften Früchte benötigen sehr warme und milde Temperaturen, um reifen zu können.

Die relativ pflegeleichte Pflanze bevorzugt einen vollsonnigen Standort, der warm sowie vor Wind und Regen geschützt sein sollte. In freier Natur reichen die Wurzeln des Olivenbaumes tief in die Erde und können dort auch bei längerer Trockenheit noch Wasser ziehen. Im Kübel muss man allerdings aufpassen, dass der Baum nicht zu lange trocken steht und ihn regelmäßig gießen. Dabei sollten sowohl Ballentrockenheit als auch Staunässe vermieden werden. Die schnittverträgliche Pflanze kann jederzeit beliebig zurück- oder in Form geschnitten werden.

In Kombination mit typisch mediterranen Pflanzen, wie zum Beispiel Oleander oder einigen Zitrusgewächsen, lassen sich mit dem Olivenbaum malerische Bilder schaffen. Ein etwas größerer Baum wird in Solitärstellung allerdings auch zu einem sehr schönen Blickfang.

Origanum vulgare

20–70 cm

VI–X

Oregano

Das klassische Pizzagewürz Origanum vulgare, auch Dost oder Wilder Majoran genannt, dürfte den meisten unter dem Namen Oregano bekannt sein. Ebenso wie Basilikum gehört dieses aromatische Kraut zu den wichtigsten Gewürzen in der italienischen Küche. Mit seinem typischen Geschmack würzt man allerdings nicht nur Pizza, es eignet sich zum Beispiel auch sehr gut zum Verfeinern von Fleisch-, Fisch- und Kartoffelgerichten, Pastasaucen, Suppen oder Eintöpfen.

Oregano, der übrigens mit dem in der deutschen und französischen Küche häufig verwendeten Majoran verwandt ist, hat viele kleine eiförmige Blätter, die fein behaart sind. Zwischen Juni und Oktober zeigen sich hübsche kleine rosa oder weiße Blüten.

Die in Südeuropa und Asien beheimatete Pflanze fühlt sich auch hierzulande an einem sonnigen, warmen Platz am wohlsten. Da sie dazu neigt, sich stark auszubreiten, sollte man für die Bepflanzung eine Schale mit relativ großem Durchmesser wählen. Oregano kann eine Höhe von 20 bis 70 cm erreichen.

Man kann die jungen Blätter und Triebe des Oreganos jederzeit ernten, während der Blütezeit sind sie besonders aromatisch und würzig. Die Zweige lassen sich auch sehr gut trocknen.

Osteospermum Hybride

Kapkörbchen

20–40 cm

V–X

Aufgrund seiner langen Blütezeit und der hübschen Blüten, die an Margeriten erinnern, ist Osteospermum, auch als Kapkörbchen bekannt, eine sehr beliebte Blühpflanze. Die meisten Arten der immergrünen Halbsträucher, Stauden und Einjährigen stammen ursprünglich aus Südafrika.

Die inzwischen erhältlichen Hybriden sind besonders robust und farbintensiv und daher beliebte Balkon- und Kübelpflanzen.

Die Stauden werden meist einjährig kultiviert und sind von buschigem bis kissenartigen Wuchs. Sie tragen lanzettliche, sattgrüne Blätter. Die dekorativen Blüten erscheinen zwischen Mai und Oktober, wobei das Farbspektrum von Weiß über Gelb, Orange, Rosa oder Rot bis hin zu Violett reicht. Insgesamt wird die Pflanze etwa 20 bis 40 cm hoch.

Am besten gedeiht das Kapkörbchen an einem sonnigen, vor Regen geschützten Standort in leichter, mäßig fruchtbarer und durchlässiger Erde. Die Pflanze sollte leicht feucht gehalten werden, darf allerdings nicht vernässen. Verblühtes sollte regelmäßig abgeschnitten werden.

Besonders attraktiv wirkt die bunte Blütenpracht der Osteospermum-Hybriden in Kombination mit anderen schönen Blühpflanzen, wie zum Beispiel Gazanien oder auch Mittagsblumen.

Parthenocissus

JUNGFERNREBE

Jungfernreben sind eine Gattung aus der Familie der Weinrebengewächse (Vitaceae). Der Name Parthenocissus setzt sich aus den griechischen Worten für Jungfrau und Efeu zusammen. Und ebenso wie der Efeu wird diese beliebte Kletterpflanze gerne zur Begrünung von Häuserwänden verwendet. Auf Balkon und Terrasse kann man sie auch schön als schattenspendenden Sichtschutz einsetzen.

Die auch als Wilder Wein bezeichnete Pflanze bevorzugt einen sonnigen bis halbschattigen Standort. Frei ausgepflanzt kann sie 12 bis 15 m hoch und bis zu 10 m breit werden. Für die Kübelkultur sollte man ein ausreichend großes Gefäß wählen und aufgrund des ausufernden Wuchses zu Beginn des Winters, und falls nötig auch im Sommer, einen Rückschnitt durchführen. In den ersten Jahren benötigt die Jungpflanze eine Rankhilfe.

600–1500 cm

VII–IX

Die grünglänzenden Blätter der Jungfernrebe sind je nach Art und Sorte meist drei- bis fünflappig oder gezahnt. Im Herbst verfärben sie sich über Gelb zu leuchtend Rot und sorgen so für prächtige Farbspiele. Die weiß-grünlichen Blüten sind klein und unauffällig; aus ihnen reifen im Herbst blau-schwarze Trauben, die sehr gern von Vögeln gefressen werden. Für den Menschen hingegen sind die Früchte des Wilden Weines ungenießbar.

Passiflora

100–300 cm

VII–IX

Passionsblume

Ihren Namen Passiflora oder Passionsblume verdankt diese dekorative Pflanze ihren Blüten, in denen man Symbole der Passion Christi zu erkennen glaubte. So sah man in der violett-weißen Nebenkrone die Dornenkrone, in den gelben pentagon-ähnlichen Staubblättern die Kreuznägel und in den rotbraunen Griffeln oder den Sprossranken die Geißeln Christi. Einige Arten der Passionsblume tragen essbare, wohlschmeckende Früchte, wie zum Beispiel Maracujas.

Innerhalb der Gattung der Passionsblumen gibt es etwa 400 verschiedene Arten, die sich vor allem hinsichtlich ihrer Blütenfarbe, Blattfarbe und -form sowie in der Art der Früchte unterscheiden. Allesamt sind sie prächtige, immergrüne Kletterpflanzen mit bis zu 12 cm langen Blättern und spiraligen Sprossranken, die den Blattachseln entspringen.

Das auffälligste Merkmal sind jedoch die dekorativen, exotischen Blüten, die je nach Art zwischen Juni und September erscheinen und teilweise sehr groß sein können. Die äußeren Blütenhüllblätter haben oft sehr leuchtende Farben. Sie umhüllen die ringförmig angeordneten fadenförmigen Blütenblätter, die wie ein Strahlenkranz wirken. Insgesamt

kann die Passionsblume eine Höhe von etwa 100 bis 300 cm erreichen.

Die Pflanze bevorzugt einen warmen, geschützten Standort in der Sonne und sollte in der Wachstumszeit reichlich gegossen werden. Es empfiehlt sich, mit Gerüsten oder Stäben für geeignete Kletterhilfe zu sorgen. Im Folgenden sollen einige Beispiele für die verschiedenen Arten kurz vorgestellt werden.

- PASSIFLORA CAERUELA: Die wegen ihrer prachtvollen violettblauen Blüten auch als Blaue Passionsblume bezeichnete Pflanze ist eine sehr bekannte und weit verbreitete Art. Die Sorte 'Constance Elliot' blüht weiß.

- PASSIFLORA EDULIS: Diese Art ist sicher vielen aufgrund ihrer köstlichen Früchte, den Maracujas, bekannt. Ihre Blüten sind weiß-purpurfarben.

- PASSIFLORA INCARNATA: Hierbei handelt es sich um eine dekorative Art, deren Blüten eine auffallende, violett-weiß gestreifte Nebenkrone besitzen. Sie ist außerdem als Heilpflanze, z.B. bei Nervosität und Schlafstörungen bekannt.

- PASSIFLORA VITIFOLIA: Diese Art trägt besonders schöne und auffällige scharlachrote Blüten.

- PASSIFLORA VIOLACEA: Die Blüten dieser reich blühenden Art sind violett.

Pelargonium

25–35 cm

IV–X

PELARGONIE

Unter ihrem volkstümlichen, botanisch allerdings nicht korrekten Namen Geranie dürfte sie fast jedem bekannt sein: die Pelargonie. Sie ist so etwas wie der Inbegriff der idealen Balkonpflanze.

Und auch wenn ihr bisweilen ein etwas biederes Image anhaftet – die ursprünglich aus Südafrika stammende Pelargonie bleibt ein Dauerbrenner und in Deutschland die mit Abstand meistverkaufte Topfpflanze. Ihre besondere Beliebtheit verdankt sie vor allem ihrer Verwendungsvielfalt, ihrem Blütenreichtum und der Leuchtkraft der Blüten. Zudem ist sie extrem pflegeleicht.

Pelargonien sind absolute Dauerblüher, die in vollsonniger Lage ihre üppigste Blüte entwickeln. Sie gedeihen jedoch auch im Halbschatten. Selbst verregnete, kühle Sommer können ihnen nicht allzu viel anhaben. Die ausdauernden Stauden lassen sich in der Regel bei ca. 5 °C gut überwintern.

Viele Gartenfreunde werden vor allem die Pelargonien der Peltatum- und Zonale-Hybriden kennen, die Hängegeranien bzw. Stehenden Geranien. Durch Züchtung sind innerhalb dieser beiden Arten viele hundert Sorten mit verschiedenen Blütenfarben und unterschiedlichem Blattwerk entstanden.

Die auch als Efeupelargonien bezeichneten Pflanzen aus der Gruppe der Peltatum-Hybriden erreichen eine Höhe von 25 bis 35 cm. Charakteristisch sind ihre bis zu 150 cm langen Triebe, die weit über das Pflanzgefäß hängen und dekorative Vorhänge bilden können. Damit eignen sie sich besonders auch für Blumenampeln. Unzählige Blüten im Farbspektrum von Weiß, Rosa, Lachs, Rot und Lila bis hin zu zweifarbigen Spielarten sorgen für kräftige Farbtupfer im Grün der gelappten Laubblätter. Aus dem fast unüberschaubaren Angebot der Hängepelargonien haben sich u.a. die Sorten der 'Cascade'-Gruppe bewährt.

Auch die aufrecht wachsenden Pelargonien aus der Gruppe der Zonale-Hybriden bieten eine große Farbauswahl. Daneben sind aber auch ihre Blätter von besonderem Reiz. Diese weisen meist ein Muster, eine abgegrenzte dunklere Zone auf, der sie die Bezeichnung Zonalpelargonie verdanken. Bekannte und beliebte Sorten sind beispielsweise 'Rio', 'Casino', 'Champagner' oder 'Cabaret'.

Neben diesen beiden Hybridgruppen erfreuen sich auch Duft- und Blattschmuckpelargonien sowie Edelpelargonien (Englische Geranien) wieder wachsender Beliebtheit, wobei die letztgenannten eher als Zimmerpflanzen geeignet sind. Doch wofür auch immer man sich entscheidet: Mit ihrem vielseitigen Arten- und Sortenangebot eröffnet die Pelargonie abwechslungsreiche Gestaltungsmöglichkeiten – wegen ihres ausladenden Wuchses und ihrer imponierenden Blütenfülle vor allem als dominierendes Element in Balkonkästen, Schalen und Töpfen.

Pennisetum compressum

50–70 cm

VIII–IX

Federborstengras

Pennisetum compressum, auch Pennisetum alopecuroides, wird wohl aufgrund seines fedrigen Blütenstandes im Volksmund treffend als Federborstengras oder Lampenputzergras bezeichnet. Diese wunderschön büschelig wachsenden Blütenstände sind es auch, welche die ursprünglich in Asien beheimatete Pflanze zu einem besonderen Blickfang machen.

Das horstbildende, dicht büschelige Gras besitzt schmale, graugrüne Blätter, die 30 bis 60 cm lang werden können. Die winzigen, hell- bis rötlichbraunen Blüten erscheinen zwischen Juli und September an 15 bis 25 cm langen, flauschigen Ähren. Besonders beliebt ist die immergrüne Pflanze aufgrund ihrer lang in den Winter hinein zierenden Fruchtstände. Insgesamt erreicht das dekorative Gewächs eine Höhe von 50 bis 70 cm.

Pennisetum compressum bevorzugt einen voll sonnigen Standort in nährstoffreicher, gut durchlässiger Erde. Mit dem prachtvollen Schmuckgras lassen sich auf Balkon und Terrasse wunderschöne Effekte erzielen. Es eignet sich für Solitärstellung ebenso wie als Strukturpflanze zwischen bunten Frühlings-, Sommer- oder Herbstblühern. Die Ähren sind außerdem ein sehr beliebter Schmuck in Frisch- oder Trockenblumengestecken. Ein Beispiel für eine schöne, besonders kompakt wachsende Sorte ist 'Hameln'.

Petroselinum crispum

15–25 cm

VI–VIII

Petersilie

Petersilie ist sicher eines der bekanntesten und beliebtesten Küchenkräuter überhaupt und darf daher in keinem Kräutergarten fehlen. Im Volksmund ist das Gewürz mit dem herb-würzigen Geschmack auch unter den Namen Peterle, Suppenkraut oder Bittersilche bekannt. Es ist in der Küche sehr vielseitig verwendbar und eine beliebte Zutat zu Suppen, Saucen und Quark sowie zu Gemüse-, Kartoffel- und Fleischgerichten. Wie so vielen Kräutern wird auch der Petersilie eine heilende Wirkung nachgesagt. So soll sie z.B. appetitanregend, verdauungsfördernd und harntreibend sein.

Im Handel werden heute glattblättrige und krausblättrige Sorten angeboten, wobei die glattblättrige Petersilie wesentlich aromatischer im Geschmack ist, während die krausblättrige wegen ihres ansprechenden

Äußeren besonders gern zum Dekorieren und Garnieren verwendet wird.

Am besten gedeiht Petersilie an einem sonnigen bis halbschattigen Standort. Sie sollte regelmäßig gegossen werden. Die rundliche, horstbildende Pflanze kann eine Höhe von 15 bis 25 cm erreichen. Die buschigen Blätter sind je nach Sorte gefiedert oder kraus. Sie können das ganze Jahr über frisch geerntet werden. Nachdem sie im zweiten Jahr zwischen Juni und August ihre gelbgrünen Blüten ausgebildet hat, wird sie ungenießbar.

Petunia

15–30 cm

V–IX

PETUNIE

Wie die Pelargonie gehört auch die Petunie zu den absoluten Klassikern unter den Balkonpflanzen. Seit Jahren erfreuen sich die dekorativen Pflanzen, die mit ihren bunten Blüten für fröhliche Farbakzente auf Balkon und Terrasse sorgen, großer Beliebtheit. Mittlerweile sind durch intensive Züchtung zahlreiche Hybriden entstanden, deren Farben- und Formenvielfalt nahezu unüberschaubar ist.

In Bezug auf die Wuchsart unterscheidet man grundsätzlich zwischen aufrechten Petunien und Hängepetunien. Für Schalen, Balkonkästen und Töpfe bieten sich niedrig und buschig wachsende Sorten an, während langtriebige Exemplare dekorative Ampelpflanzen darstellen. Für fröhliche Farbenspiele sorgen Kombinationen mit anderen typischen Balkonblumen, wie beispielsweise Pelargonien oder Männertreu.

Alle Petunien haben klebrige Laubblätter, die allerdings unter der Blütenfülle beinahe verschwinden. Die attraktiven, trichterförmigen Blüten sind je nach Sorte einfach bis stark gefüllt, mit gekräuselten oder ausgefransten Rändern. Sie erscheinen zwischen Mai und Oktober und erstrahlen in allen erdenklichen Farbtönen: Weiß, Gelb, Rosa, Rot, Purpur, Blau, Violett. Darüber hinaus gibt es auch zweifarbige Sorten.

Petunien bevorzugen einen sonnigen Standort. Es empfiehlt sich, die Pflanzen regelmäßig und reichlich zu gießen. Besonders an heißen Tagen dürfen sie nie ganz austrocknen. Wird Verblühtes immer wieder abgeknipst, bilden sich eher neue Knospen.

Hier ein kleiner Überblick über bekannte Petunien-Hybriden:

- GRANDIFLORA-F1-Hybriden: Diese Arten zählen zu den aufrecht wachsenden Petunien. Sie zeichnen sich durch besonders große Blüten aus, sind aber leider sehr anfällig für Schäden durch Regen. Daher sollten die Pflanzen dieser Gruppe besser geschützt stehen. Sie werden etwa 20 bis 40 cm hoch.

- MULTIFLORA-F1-HYBRIDEN: Diese Petunien sind ebenfalls aufrecht wachsend. Sie sind etwas regenfester und vertragen schlechtes Wetter besser. Ihre Blüten sind kleiner, erscheinen dafür aber in größeren Mengen.

- SURFINA-PETUNIEN: Diese Gruppe der Hängepetunien wird besonders aufgrund ihrer Wetterfestigkeit und ihres starken Wuchses geschätzt. Die Pflanzen werden 15 bis 30 cm hoch, ihre mit Blüten übersäten Triebe können bis zu 150 cm lang sein.

2

Phaseolus vulgaris

30–400 cm

VII–IX

GARTENBOHNE

Die ursprünglich in Süd- und Mittelamerika beheimatete Pflanze erfreut sich überall in Europa sehr großer Beliebtheit. Bohnen sind relativ pflegeleicht und eignen sich damit hervorragend für die Kübelkultur. Heutzutage sind schwarze, gelbe und purpurrote Sorten erhältlich, die auch hohen Zierwert haben können.

Die wärmeliebende Pflanze bevorzugt einen sonnigen Standort, der möglichst windgeschützt sein sollte. Vollständiges Austrocknen der Gartenbohne sollte ebenso vermieden werden wie Staunässe. Bei Phaseolus vulgaris unterscheidet man zwischen zwei Arten, der Busch- und der Stangenbohne.

- PHASEOLUS VULGARIS VAR. NANUS: Die Buschbohne ist, wie der Name schon sagt, von buschigem Wuchs und wird etwa 30 bis 50 cm hoch. Rankhilfen braucht sie dabei nicht. Aus den weißen oder violetten Blüten bilden sich ab Ende Juli die zarten, schmackhaften Bohnenhülsen. Sie können bis in den Oktober hinein geerntet werden. Zeitiges und regelmäßiges Pflücken fördert neuen Blütenansatz.

- PHASEOLUS VULGARIS VAR. VULGARIS: Die so genannten Stangenbohnen wachsen rankend und können an geeigneten Kletterhilfen etwa 200 bis 400 cm hoch klettern. Sie haben zwar einen höheren Wärme- und Nährstoffbedarf als die Buschbohnen, sind dafür aber auch ertragreicher und kräftiger im Geschmack. Die Erntezeit liegt bei dieser Art zwischen August und September.

VORSICHT!

Bohnen dürfen nie roh verzehrt werden, denn dann enthalten sie das giftige Protein Phasin. Dieses wird allerdings beim Kochen zerstört, sodass dem Genuss der schmackhaften Bohnen nichts mehr im Wege steht.

Phoenix canariensis

100–300 cm

VIII–V

Kanarische Dattelpalme

Mit der imposanten Dattelpalme sorgt man für südländisches Flair auf Balkon und Terrasse. Sie ist nicht nur in Solitärstellung ein Blickfang. Besonders interessant wirkt sie neben mediterranen und tropischen Blühpflanzen, wie zum Beispiel Oleander, Bougainvilleen, Hibiskus oder Engelstrompeten. Attraktive Begleiter sind auch andere Blattschmuckpflanzen.

Die Pflanze ist von ausladendem Wuchs und bildet einen kräftigen, rauen Stamm. Die fiederartigen Palmwedel können bei manchen Arten bis zu 300 cm lang werden. Die Dattelpalme ist zweihäusig, d.h. es gibt entweder rein männliche oder rein weibliche Pflanzen. Im Kübel entwickelt die Pflanze nur sehr selten Blüten. Die daraus entstehenden, kleinen, goldgelben Datteln wären aber ohnehin ungenießbar. Insgesamt erreicht die Dattelpalme eine Höhe von 100 bis 300 cm.

Phoenix canariensis bevorzugt einen sonnigen bis halbschattigen Standort, der warm sowie vor Wind und Regen geschützt sein sollte. Die Pflanzgefäße sollten über eine gute Dränage verfügen und den langen Wurzeln ausreichend Platz bieten. Während der Wachstumszeit haben die Pflanzen hohen Wasserbedarf und sollten dementsprechend regelmäßig gegossen werden. Auf Ballentrockenheit reagieren sie ebenso empfindlich wie auf Staunässe.

Phormium

100–400 cm

VIII–IX

Neuseelandflachs

Wie man der deutschen Bezeichnung Neuseelandflachs schon entnehmen kann, ist Phormium in Neuseeland beheimatet. Auf dem heimischen Balkon oder der Terrasse sorgt er für dekorative Akzente, zum Beispiel in Kombination mit anderen Blattschmuckpflanzen wie Agaven oder Palmen.

Die immergrüne Staude bildet Horste mit linealen, gekielten Blättern, deren Farbspektrum von gelb- bis dunkelgrün variiert. Es gibt verschiedene Sorten, von denen einige ganz besonders wegen ihres stattlichen, dekorativen Laubes geschätzt werden. Die kleinen röhrigen Blüten der Pflanze erscheinen etwa von August bis September in aufrechten Rispen. Insgesamt kann Phormium eine stattliche Höhe von 100 bis 400 cm erreichen.

Am besten gedeiht die Pflanze in fruchtbarer, feuchter, wasserdurchlässiger Erde. Sie bevorzugt einen Standort in voller Sonne.

Eine besonders dekorative Sorte ist Phormium 'Burgundi', auch unter der botanischen Bezeichnung Pennisetum setaceum 'Rubrum' bekannt. Das Ziergras wird nicht höher als 100 bis 120 cm und eignet sich damit sehr gut für die Bepflanzung von Kübeln. Sehr attraktiv wirken seine burgunderfarbenen Halme und die dunkelroten Blütenstände.

Phyllitis scolopendrium

30–40 cm

Hirschzungenfarn

Phyllitis scolopendrium, auch als Hirschzungenfarn oder einfach nur Hirschzunge bekannt, ist in vielen Gebieten der gemäßigten Zone der nördlichen Halbkugel verbreitet. Das besondere Merkmal dieses Farns sind seine ganzrandigen, ungefiederten, zungenförmigen Blattwedel, die wohl auch für die deutsche Bezeichnung der Pflanze verantwortlich sind. Sie unterscheiden den Hirschzungenfarn von allen anderen europäischen Farnen, die meistens ein- bis mehrfach gefiederte Wedel aufweisen.

Mit Farnen lassen sich überall auf Balkon und Terrasse dekorative Akzente setzen. Dabei ist der attraktive und wintergrüne Hirschzungenfarn ideal zur Begrünung dunklerer Ecken, in Halbschatten oder Schatten, wo viele sonnenhungrige Blühpflanzen nicht gedeihen können. Die im spä-

ten Frühling neu hervorgebrachten Blätter der Pflanze sind von frischem Hellgrün, während die älteren eher kräftig grün und lederartig fest sind. Je nach Sorte erreicht der Hirschzungenfarn eine Höhe von etwa 30 bis 40 cm.

In kalkhaltiger, humoser Erde fühlt die Pflanze sich besonders wohl. In der Wachstumszeit sollte sie regelmäßig gegossen werden, sodass der Wurzelballen immer feucht bleibt. Staunässe darf dabei aber nicht entstehen. Weiterhin empfiehlt es sich, den Farn mit kalkfreiem, warmem Wasser zu besprühen.

Pinus

Kiefer

Im Sommer bilden die dunkelgrünen Nadeln der Kiefer einen interessanten Hintergrund für blühende Pflanzen, im Spätherbst stehen die dekorativen Gewächse dann selbst im Mittelpunkt. Sie passen beispielsweise sehr gut auf mediterran gestaltete Balkone und Terrassen, aber auch in Kübeln mit verschiedenen Steingartenpflanzen sorgen sie für schöne Bilder.

Die Kiefer gehört zu den bescheidensten Gehölzen überhaupt, gleichzeitig aber auch zu einer der schönsten und formenreichsten Pflanzenfamilien. Ihr auffallendes Merkmal sind die meist langen Nadeln, die in Büscheln zu je zwei, drei oder fünf angeordnet sind. Die lichthungrigen Bäume vertragen keine Beschattung und fühlen sich an einem vollsonnigen Standort besonders wohl. Sie sollten gleichmäßig feucht gehalten werden. Man kann die Pflanzen im Winter draußen stehen lassen, sollte aber auf frostharte Gefäße achten und den Wurzelbereich schützen.

Für die Bepflanzung von Kübeln empfehlen sich wie immer die kleineren Arten und Sorten. Hier einige besonders schöne Beispiele:

- PINUS NIGRA: Die so genannte Schwarzkiefer ist ein kuppelförmiger Baum mit dichten, ausladenden Ästen und dunkelbrauner oder schwarzer Borke. Eine sehr schöne Zwergform dieser Art ist 'Pierrick Bregeon'. Sie ist von flachkugeligem Wuchs, trägt frischgrüne, lange Nadeln und wird bis etwa 100 cm hoch.

- PINUS MUGO: Von dieser auch als Berg-Kiefer bekannten Art gibt es zahlreiche kleinwüchsige Sorten, wie zum Beispiel 'Humpy', 'Gnom', 'Mops', 'Mini Mops' oder 'Pumilio'. Sie sind alle halbkugelig bis kugelig, wachsen sehr langsam und sind selbst nach Jahren nur 30 bis 60 cm hoch.

- PINUS PUMILA: Diese faszinierende Art wird auch Zwerg- oder Pummel-Kiefer genannt. Besonders beliebt ist die Sorte 'Glauca' mit breit buschigem Wuchs und blaugrünen Nadeln. Sie wird etwa 100 cm hoch.

Plectranthus forsteri

15–30 cm

VIII–IX

Harfenstrauch

Der Harfenstrauch ist im Volksmund auch unter den Namen „Weihrauch“ und „Mottenkönig“ bekannt. Die erste Bezeichnung ist darauf zurückzuführen, dass der Duft der Pflanze an echten Weihrauch (Boswellia) erinnert, mit dem sie allerdings nicht zu verwechseln ist. Der zweite Name rührt daher, dass der herbe Geruch Motten und Mücken vertreiben soll.

Die hängenden Triebe der starkwüchsigen Staude können bis zu 200 cm lang werden. Zwischen August und September erscheinen die eher unscheinbaren, weißen bis blassrosa Blüten. Der wahre Zierwert liegt allerdings in den herzförmigen, sattgrünen Blättern, die meist weiß gerandet sind. Die Pflanze wird zwischen 15 und 30 cm hoch.

Bei der Pflege von Plectranthus forsteri empfiehlt es sich, das richtige Mittelmaß zu finden. Ein sonniger bis halbschattiger Standort sowie stets mäßig feuchte Erde im Kübel sind gute Voraussetzungen für schönes Gedeihen. Staunässe und zu wenig Licht führen schnell zu Fäulnis und Blattfall, während zu pralle Sonne braune Blattflecken verursachen kann.

Besonders gern wird der Harfenstrauch mit seinen attraktiven Blättern als Strukturpflanze zur Auflockerung und Neutralisierung von Kontrastfarben zwischen blühenden Balkonpflanzen verwendet. Damit ist er beispielsweise ein hübscher Begleiter für Pelargonien oder Chrysanthemen. Mit seinen überhängenden Trieben eignet er sich natürlich auch gut als Ampelpflanze oder zur Unterpflanzung im Kübel.

Eine sehr schöne und bekannte Sorte ist 'Marginatus'. Sie wird besonders aufgrund ihrer dekorativen Blätter geschätzt, die sich durch breite, cremeweiße Ränder auszeichnen.

Plumbago

Bleiwurz

Hinter der nicht unbedingt attraktiv klingenden deutschen Bezeichnung Bleiwurz verbirgt sich ein ausgesprochen hübsches Gewächs, das wegen seiner wunderschönen, zumeist hellblauen Blütenfülle eine begehrte Kübelpflanze ist. Auf Balkon oder Terrasse dekorativ platziert, wird Plumbago zu einer wahren Augenweide.

Dieser halbimmergrüne Strauch hat zunächst aufrechte, dann überhängende Triebe mit dunkelgrünen, elliptischen Blättern. Die doldenartigen Blütenstände erscheinen ab Mai und werden bis in den Oktober hinein immer wieder nachgebildet. Je nach Sorte kann die Farbe der Blüten von reinem Hellblau über Zartviolett bis hin zu Weiß reichen. Die Pflanze erreicht etwa 50 bis 200 cm.

Als Kübelpflanze setzt man den Bleiwurz am besten in Szene, indem man ihn in Form von Büschen, Hochstämmchen, Pyramiden oder Spalieren kultiviert. Findet man einen etwas erhöhten Platz für den Kübel, beispielsweise eine Mauer oder Säule, kann man die Pflanze auch als lockeren Busch wachsen lassen, sodass die Triebe einfach herunterhängen. Besonders schmeichelhaft sind Kombinationen mit mediterranen Pflanzen, wie z.B. Oleander.

Der Bleiwurz bevorzugt einen warmen, sonnigen Standort, an dem er vor Regen und Wind geschützt ist. Man sollte darauf achten, die Pflanze regelmäßig und ausgiebig zu gießen. Der Wurzelballen darf nicht austrocknen, andererseits sollte auch Staunässe unbedingt vermieden werden. Die verwelkten, klebrigen Blütenkelche müssen regelmäßig entfernt werden.

50–200 cm

V–X

Zu den wohl bekanntesten Bleiwurz-Arten zählt Plumbago auriculata, der auch als Kapbleiwurz bezeichnet wird. Beliebte Sorten dieser Art sind die weiß blühende 'Alba' oder die hellblau blühende 'Caerulea'.

Polystichum setiferum

30–80 cm

Schildfarn

Farne gehören zu den ältesten bekannten Pflanzen. Man findet sie wild wachsend in allen Teilen der Welt und in unzähligen Variationen. Zur Verschönerung der eher unliebsamen absonnigen bis schattigen Stellen auf Balkon und Terrasse sind die dekorativen Farne nahezu unentbehrlich. Sie sind vielseitig einsetzbar und wirken besonders durch ihre Formen und Strukturen.

Polystichum setiferum, der als Schild- oder Filigranfarn bezeichnet wird, zählt sicher zu den elegantesten Farnarten. Er bildet trichterförmige, breit ausladende Büsche, und seine Stiele sind mit Schuppen und Haaren besetzt.

Besonders attraktiv wirkt das immergrüne Gewächs durch seine filigranen Wedel. Diese sind mehrfach gefiedert, mattgrün, weich und glanzlos. Die buschige Pflanze wird durchschnittlich 30 bis 80 cm hoch. Der Schildfarn bevorzugt einen halbschattigen Standort, kommt aber auch an absonnigen Stellen noch zurecht, wenn genügend Feuchtigkeit vorhanden ist. Er gedeiht besonders gut in frischer, humoser und nährstoffreicher Erde. Besonders im Sommer sollte er reichlich gegossen und übersprüht werden.

Prunus dulcis

Mandelbaum

Die Gattung Prunus umfasst über 200 Arten laubwerfender oder immergrüner Bäume und Sträucher, darunter viele bekannte Obstbäume wie zum Beispiel Pflaume, Kirsche, Aprikose oder Pfirsich.

Prunus dulcis, der Mandelbaum, zählt zu den ältesten Kulturpflanzen. Er wird hauptsächlich aufgrund seiner essbaren Früchte, den Mandeln, angebaut. Daneben haben aber auch die Blüten einen hohen Zierwert. Wer einmal zur

Zeit der Mandelblüte Urlaub im Mittelmeerraum gemacht hat, wird sich bestimmt an den Anblick der zartrosa überhauchten Pracht erinnern.

In einem ausreichend großen Kübel, den man an einem sonnigen, geschützten Standort platziert, kann Prunus dulcis auch in unseren Breiten gedeihen. So kann sich jeder den mediterranen Frühling nach Hause holen.

Der Mandelbaum ist ein aufrechter laubwerfender Baum mit lanzettlichen, fein gesägten dunkelgrünen Blättern. Die herrlichen weißen bis rosafarbenen Blüten erscheinen zwischen März und April an den noch kahlen Zweigen. Später reifen sie zu pelzigen, eiförmigen, grünen Früchten mit essbarem Kern heran. Die Pflanze kann in freier Natur bis zu 800 cm hoch werden, bleibt im Kübel aber eher bei ca. 300 cm.

Wer nicht so viel Platz zur Verfügung hat, im Frühjahr aber trotzdem nicht auf Mandelblüten verzichten möchte, wählt eine kleinere Art aus. Hier empfiehlt sich 'Prunus tenella'.

Diese auch als Zwergmandel bekannte Art wächst breitbuschig und wird nur etwa 50 bis 120 cm hoch. Der sommergrüne, vieltriebige Strauch hat fein verzweigte, grüne bis braune, kahle, glänzende Äste. Die am Rand scharf gesägten Blätter treiben zusammen mit den wunderschönen, lebhaft rosaroten Blüten zwischen April und Mai aus. Die dekorativen Früchte entwickeln sich ab August, sind allerdings bei dieser Art nicht essbar.

50–300 cm

III–V

Punica granatum

50–300 cm

V–IX

Granatapfelbaum

Besonders bekannt ist Punica granatum aufgrund seiner roten, schmackhaften Früchte, den Granatäpfeln. Diese galten schon in der Antike wegen ihrer Kerne als Fruchtbarkeitssymbol. Heutzutage ist er eine beliebte Kübelpflanze.

Der laubabwerfende Strauch oder Baum besitzt schmal-elliptische, hellgrüne Blätter, die im Herbst eine schöne rötliche Farbe annehmen. Von Mai bis September bilden sich die auffälligen Blüten, die meist rot, bei manchen Sorten auch weiß oder orangegelb sind. Früchte können nur bei sehr warmen Temperaturen richtig ausreifen. Insgesamt wird die Pflanze etwa 50 bis 300 cm hoch.

Der Granatapfelbaum bevorzugt einen warmen, geschützten Standort in voller Sonne. Die Erde im Kübel sollte lehmig und nährstoffreich sein. Da die Pflanze sehr empfindlich auf Staunässe reagiert, sollte man Gefäße mit guter Dränage wählen. Eine für Kübelpflanzung besonders gut geeignete Sorte ist die auch unter dem Namen Zwerggranatbaum bekannte 'Nana', die nur etwa 50 bis 150 cm hoch wird. Mit ihren zahlreichen roten Blüten ist sie eine sehr dekorative Ampelpflanze.

Rhododendron / Azalee

30–100 cm

IV–VI

Alpenrose

Bei Azaleen handelt es sich um kleinwüchsige Arten der Gattung Rhododendron. Während man bei letzterem wohl eher an meterhohe Sträucher in Gärten oder Parks denkt, kennt man die Azalee vor allem als klassische Zimmerpflanze. Es gibt jedoch auch eine Reihe von Arten und Hybriden, die sich hervorragend als Balkon- und Kübelpflanze eignen.

Ihre dunkelgrün glänzenden Blätter machen die immergrünen, breitbuschigen Sträucher zu dekorativen Blattschmuckpflanzen. Vor allem aber bestechen sie durch ihre in doldenartigen Trauben stehenden, leuchtenden Blüten in Rot, Rosa, Lila, Weiß oder Gelb, mit denen sich bereits im Frühjahr schöne Farbakzente setzen lassen.

Azaleen mögen keine pralle Sonne, daher sollten sie bevorzugt im Halbschatten platziert werden. Im Frühjahr und Sommer benötigt die Pflanze reichlich – am besten enthärtetes – Wasser, ganzjährig muss sie vor dem Austrocknen geschützt werden. Außerdem empfiehlt sich bis zum Spätsommer monatliches Düngen mit (saurem) Rhododendrondünger. Gepflanzt werden Azaleen in humoser, saurer Rhododendronerde. Verwelkte Blütenstände werden entfernt, auf einen Rückschnitt kann weitgehend verzichtet werden.

Besonders schön machen sich Azaleen in Terrakottakübeln. Für die Bepflanzung von Gefäßen geeignete Pflanzengruppen:

- RHODODENDRON YAKUSHIMANUM-HYBRIDEN: Diese aus Japan stammende Art kommt auch mit normaler Gartenerde gut zurecht.
- RHODODENDRON REPENS-HYBRIDEN: Zeichnen sich durch kompakten Wuchs und leuchtend rote Blütenfarbe aus.

Die besonders kleinen „Diamant"-Azaleen sind ideal für Balkonkästen.

Ricinus communis

Wunderbaum

Besonders beeindruckend wirkt diese imposante Kübelpflanze aufgrund ihrer prachtvollen, handförmigen Blätter, die je nach Sorte hellgrün bis dunkel braunrot sind. Deko-

150–300 cm

VIII–X

rativ sind auch die stacheligen, roten Fruchtkapseln, aus deren giftigen Samen das allseits bekannte Rizinusöl gewonnen wird. In Kombination mit tropischen Pflanzen sorgt der Wunderbaum für exotisches Flair.

Die stattliche Pflanze wächst halbstrauchig, strauchig oder fast baumartig. Da er sehr schnellwüchsig ist und in einem Jahr bis zu 300 cm hoch werden kann, wird der Wunderbaum meist einjährig gezogen. Damit erübrigen sich Schnitt und Überwinterung. Die eingeschlechtlichen Blüten erscheinen von August bis Oktober in großen, endständigen rispigen Blütenständen. Dabei befinden sich die gelbgrünen männlichen Blüten im unteren Teil der Rispe, die rotbraunen weiblichen im oberen Teil.

Der Wunderbaum bevorzugt einen hellen, warmen, am besten sonnigen Standort, der vor Wind schützt. Die Erde sollte feucht sein, denn besonders im Sommer ist der Wasser- und Nährstoffbedarf sehr hoch.

Eine sehr schöne Sorte ist 'Sanguineus'. Sie wird etwa 200 cm hoch, besitzt grünes, rot geädertes und überhauchtes Laub sowie sehr auffällige blutrote Fruchtstände.

Rosa

20–400 cm

VI–X

Rose

„Königin der Blumen“ wird die Rose oft genannt. Und das nicht umsonst, gehört sie doch zu den edelsten und beliebtesten Zierpflanzen überhaupt. Seit Jahrhunderten begeistert sie Pflanzenfreunde mit ihren wundervollen Blüten und ihrem herrlichen Duft. Leider besitzt nicht jeder Rosenliebhaber einen eigenen Garten. Doch mittlerweile gibt es in der nahezu unüberschaubaren Vielfalt verschiedener Arten und Sorten viele, die mit der richtigen Pflege auch sehr gut in Kübeln, Kästen oder großen Ampeln auf Balkon und Terrasse gedeihen.

Ob man sich nun für Zwergrosen, Strauchrosen, Hochstämmchen, Kaskade- oder Kletterrosen entscheidet – was Blütenform und -farbe angeht, kann man aus dem Vollen schöpfen. Für alle Arten gilt, dass die Wurzeln der Rose viel Platz brauchen. Daher sollte man stets große Pflanzgefäße von mindestens 40 cm Tiefe auswählen, die möglichst frosthart sein sollten, denn mit geeigneter Isolierung können Rosen im Kübel überwintern.

Die Pflanzen lieben einen sonnigen, luftigen Standort. Starken Wind oder Zugluft vertragen sie allerdings ebenso

wenig wie zu pralle Mittagssonne und Hitzestaus. Beim Gießen sollte Staunässe unbedingt vermieden werden, daher muss für gute Dränage gesorgt werden. Außerdem sollte man nicht über die Blätter gießen. Es empfiehlt sich, Verblühtes zu entfernen.

Aus der Vielfalt der verschiedenen Arten und Sorten können nur einige Beispiele vorgestellt werden:

- ROSA 'BLAZE SUPERIOR': Diese Kletterrose wird 300 bis 400 cm hoch und trägt sehr attraktive karminrote Blüten. Sie eignet sich zum Beispiel gut zur Verschönerung von Terrassenwänden oder Mauern.

- ROSA 'GRAHAM THOMAS': Mit ihren 120 bis 150 cm Höhe ist diese schnell wachsende Strauchrose eine schöne Kübelpflanze. Die stark gefüllten Blüten sind gelb.

- ROSA 'HERITAGE': Diese Sorte trägt stark gefüllte, nostalgisch anmutende, zartrosa Blüten, die wunderbar duften. Sie wächst strauchförmig und wird 100 bis 150 cm hoch.

- ROSA 'LOUISE ODIER': Diese Zwergrose wächst strauchförmig und erreicht 150 cm Höhe. Die rosettenförmigen rosa Blüten duften besonders angenehm.

- ROSA 'ROSMARIN 89': Die kompakt wachsende Zwergrose wird nur 20 cm hoch und trägt dicht gefüllte rosa Blüten.

'ROSA SCHNEEWITTCHEN': Die Strauchrose mit den strahlend weißen, gefüllten Blüten wird 100 bis 150 cm hoch.

Rosmarinus officinalis

Rosmarin

Der im Mittelmeerraum beheimatete Rosmarin ist ein wichtiger Bestandteil der mediterranen Küche. Man verwendet das herb-bittere Kraut zum Würzen von Fleisch-, Fisch-, Grill-, Gemüse- und Kartoffelgerichten.

Die dekorative Pflanze ist aber nicht nur geschmacklich, sondern auch optisch ein Genuss. Auf Balkon und Terrasse verströmt sie im Sommer ihren unvergleichlichen Duft, der an Nadelhölzer erinnert.

Der immergrüne Halbstrauch hat schmale, nadelartige Blätter von blaugrüner Farbe. Zwischen März und Juli erscheinen in den Blattachseln hellblaue bis lilafarbene Blüten.

Am besten gedeiht Rosmarin an einem sehr sonnigen und geschützten Platz in humoser, lehmig-sandiger Erde. Da die Pflanzen in Blumentöpfen oder Kübeln dazu neigen, schnell aus-zutrocknen, sollte man darauf achten, sie re- gelmäßig zu gießen. Bei guter Pflege kann er sehr alt werden und je nach äußeren Bedingungen eine stattliche Höhe von bis zu 200 cm erreichen. Leider ist das Wärme liebende Kraut in unseren Breiten nicht winterhart, sodass man es im Haus überwintern lassen sollte.

Blätter und Zweigspitzen des Rosmarins können das ganze Jahr über nach Bedarf geerntet werden. Auch lassen sie sich sehr gut konservieren, indem man sie trocknet.

Rubus

Brombeere

Die Brombeerpflanze ist vor allem wegen ihrer Früchte als Gartenpflanze beliebt. Die aufgrund ihres hohen Vitamingehalts äußerst gesunden Früchte lassen sich vom Hochsommer bis zum Frühherbst ernten; sie sind saftig und wohlschmeckend, lassen sich roh verzehren, oder z.B. auch als Marmelade, Gelee, Kompott oder Sirup verwenden.

Die Garten-Brombeere wächst als holziger, ausladender Strauch. Auf Balkon oder Terrasse lässt sie sich schön an einem Zaun oder einer Wand ziehen, wo sie durch ein Drahtgerüst gestützt werden sollte. Die meist weniger wüchsigen stachellosen (gut pflückbaren) Sorten eignen sich eher für die Kübelkultur.

50–300 cm

VII–X

Ideal ist ein sonniger bis halbschattiger Standort. Die Erde sollte durchlässig sein, im Kübel ist eine Dränageschicht empfehlenswert. In der Vegetationszeit sind wöchentliches Düngen und reichlich Wasser vonnöten. Brombeeren sind die einzigen Beerensträucher, die schon im Juni eingekürzt werden sollten, damit sie kräftige Seitentriebe mit Früchten entwickeln.

Eine Auswahl beliebter Brombeer-Sorten: 'Theodor Reimers' (bestachelt, hohe Fruchtqualität); 'Thornfree' (stachellos, leicht herb-säuerlich); 'Loch Ness' oder 'Nessy' (stachellos, guter Geschmack); 'Navaho' (stachellos, süß-aromatisch).

Salvia officinalis

30–50 cm

VI–VIII

Salbei

Salvia officinalis, auch als Garten-Salbei bekannt, ist eine der ältesten Heil- und Würzpflanzen. Salbei wurde bereits in der Antike als Heilmittel verwendet, was den botanischen Namen erklärt, der sich von „salvare“, dem Wort für heilen oder retten, ableitet. Zudem ist die Pflanze besonders in der Blütezeit sehr dekorativ und sorgt bei schönem Wetter mit ihrem aromatisch-würzigen Duft für mediterranes Flair.

Der mehrjährige Halbstrauch hat grüne bis silbergraue, mehr oder weniger behaarte Blätter und trägt seine länglich-eiförmigen, blau-violetten Blüten von Juni bis August. Er kann zwischen 30 und 50 cm hoch werden. Eine sehr dekorative Sorte des Salvia officinalis ist 'Tricolor', deren Blätter weiß gerandet und rot überlaufen sind.

Die im Mittelmeerraum heimische Pflanze liebt einen windgeschützten Standort mit viel Sonne und lockeren, eher trockenen Boden. Der Salbei passt natürlich in die Kräuterabteilung von Balkon oder Terrasse, wirkt aber auch ausgesprochen attraktiv, wenn man ihn mit Blumen jeglicher Blütenfarbe kombiniert.

Die Salbeiblätter können jederzeit nach Bedarf geerntet werden, wobei sie vor der Blüte im Mai besonders aromatisch sind. Beim Würzen sollte man Salbei wegen seines strengen Geschmacks vorsichtig dosieren. Er eignet sich ideal zum Verfeinern von vielen mediterranen Gerichten. So ist er zum Beispiel unerlässlich für die beliebte italienische Spezialität „Saltimbocca" (Kalbsschnitzel mit Schinken und Salbei).

Es gibt noch diverse andere Salbeiarten und -sorten, wobei sich die Ziersalbeiarten nicht unbedingt als Gewürzpflanzen eignen, dafür aber umso dekorativer sind. Sehr attraktiv sind unter anderem der leuchtend rot blühende Feuersalbei (Salvia splendens) oder der blauviolett blühende Mehlsalbei (Salvia farinacea), dessen Stängel wie mit Mehl bestäubt wirken.

Sanvitalia procumbens

5–30 cm

V–X

Husarenknopf

Wie winzige Sonnenblumen wirken die entzückenden kleinen Blüten von Sanvitalia procumbens, auch Husarenknopf genannt. Die robuste, blühfreudige Pflanze ist eine sehr beliebte Sommerblume, die auch in Balkonkästen, Schalen oder Ampeln gut gedeiht.

Der Husarenknopf wächst buschig ausladend und überhängend und breitet sich rasch aus. Er besitzt frischgrünes, dichtes Laubwerk aus oval-lanzettlichen Blättern, aus denen in seiner Blütezeit zwischen Mai und Oktober die hübschen goldgelben Strahlenblüten mit schwarzer Mitte herausleuchten. Der Husarenknopf erreicht eine Höhe von etwa 5 bis 30 cm.

An einem sonnigen Plätzchen fühlt sich der Husarenknopf besonders

wohl. Das relativ genügsame und pflegeleichte Gewächs muss nur mäßig gewässert und gedüngt werden. Wenn Verblühtes regelmäßig entfernt wird, kann man sich bis in den Herbst hinein am herrlichen Blütenflor erfreuen.

Besonders dekorativ wirken die fröhlichen Blüten, wenn die Triebe des Husarenknopfes üppig aus Kästen, Ampeln oder Schalen heraushängen. Dafür sollte man die Pflanze ganz nahe an den Gefäßrand setzen. Sie eignet sich auch wunderbar zur Unterpflanzung von Hochstämmchen.

Satureja hortensis

Bohnenkraut

Die deutsche Bezeichnung Bohnenkraut weist schon darauf hin: Dieses Gewürz eignet sich besonders zum Verfeinern von Bohnengemüse. Dabei spielt nicht nur der kräftige, pfeffrig würzige Geschmack eine Rolle, sondern auch die verdauungsfördernden und magenfreundlichen Eigenschaften, die dieser Pflanze zugeschrieben werden und die dafür sorgen, dass die oft schwer bekömmlichen Hülsen-

früchte verträglicher werden. Das aromatische Bohnenkraut lässt sich aber auch sonst sehr vielseitig in der Küche einsetzen, beispielsweise zum Würzen von Kartoffelgerichten, Eintöpfen, eingelegten Gurken, Fleisch oder Wurst.

Eine bekannte und weit verbreitete Art ist Satureja hortensis, auch Garten-Bohnenkraut oder Einfaches Bohnenkraut genannt. Die Pflanze ist von aufrecht buschigem Wuchs und kann etwa 20 bis 40 cm hoch werden. Die aromatischen Blätter sind schmal, dunkelgrün und leicht behaart. Von Juni bis Oktober erscheinen kleine weiße oder hellviolette bis rosafarbene Blüten. Insgesamt verströmt Bohnenkraut einen intensiven Duft.

Mit einem möglichst sonnigen oder halbschattigen Platz auf Terrasse oder Balkon schafft man beste Voraussetzungen für ein gutes Gedeihen des Bohnenkrauts. Der Boden sollte humos und locker sein, gegossen werden sollte mäßig, aber regelmäßig.

Ab dem Frühjahr können die jungen Triebe geerntet werden. Kurz vor und während der Blütezeit ist das Aroma der Pflanze besonders intensiv. Will man das Bohnenkraut bei reichlicher Ernte konservieren, kann man es sehr gut trocknen lassen. Dazu bindet man die geschnittenen Zweige zu Sträußen zusammen, hängt sie zum Trocknen auf und streift später die Blättchen ab.

Etwas schärfer im Geschmack ist das so genannte Bergbohnenkraut oder Winterbohnenkraut (Satureja montana), welches ganzjährig geerntet werden kann.

Scaevola aemula

20–30 cm

IV–X

Blaue Fächerblume

Ihren deutschen Namen Fächerblume trägt Scaevola aufgrund ihrer dekorativen Blüten, die sich in einem Halbkreis ausbreiten und daher wie kleine Fächer aussehen. Die Pflanze ist nicht nur besonders pflegeleicht und witterungsbeständig, sondern erfreut auch mit ihrer unermüdlichen Blühfreudigkeit und ihrem üppigen Blütenreichtum. Diese Eigenschaften machen sie zu einem beliebten Gewächs für Kästen- und Kübelbepflanzung.

Die buschige, leicht überhängende Pflanze, die meist einjährig gezogen wird, bildet bis zu 100 cm lange Triebe mit graugrünem Laub. Von April bis in den Oktober hinein kann man die zahlreichen blauen bis blauvioletten Blüten bewundern. Scaevola erreicht eine Höhe von etwa 20 bis 30 cm.

Ein Standort in Sonne oder Halbschatten ist für die Fächerblume ideal. Sie sollte regelmäßig mit Regenwasser oder enthärtetem Wasser gegossen werden, denn sie verträgt keinen Kalk. Außerdem reagiert sie empfindlich auf Staunässe, sodass man für eine gute Dränage im Kübel sorgen sollte. Da die Blätter leicht sukkulent sind, kann ihr kurzzeitige Ballentrockenheit nichts anhaben.

Die Fächerblume ist eine wunderbare Ampelpflanze, die bei guten Bedingungen leicht etwa 100 cm Durchmesser erreichen kann. Im Balkonkasten bedrängt sie ihre Nachbarpflanzen nicht und eignet sich daher auch sehr gut für gemischte Kästen. Will man die blauvioletten Blüten besonders auffällig in Szene setzen, empfehlen sich beispielsweise Kombinationen mit rosa oder roten Hängepelargonien oder gelb blühenden Pflanzen, wie Husarenknopf oder Pantoffelblume. Etwas dezenter, aber nicht minder attraktiv sind weiße Margeriten oder reine Blattschmuckpflanzen als Begleiter.

Schlumbergera

40–60 cm

I–XII

Weihnachtskaktus

Obwohl Schlumbergera nur wenig Ähnlichkeit mit Kakteen im herkömmlichen Sinne hat, zählt sie zur Kakteenfamilie – genauer zur Gattung der Weihnachtskakteen. Als so genannter Gliederkaktus fällt sie besonders durch ihre wie aneinander gekettet wirkenden, flachen und gezackten Blätter auf. Am Ende des jeweils letzten Glieds der dornenlosen Blätter entwickeln sich die meist 5 bis 8 cm langen Blüten, die zwei Reihen von Kronenblättern zeigen. Je nach Art und Sorte blüht der Weihnachtskaktus in Weiß, Rosa, Lachs, Rot oder auch Violett.

Die ursprünglich in den Wäldern Brasiliens heimische Pflanze zählt zu den Epiphyten, ist also eine so genannte Aufsitzerpflanze, die sich z.B. auf Bäumen oder anderen Pflanzen ansiedelt, ohne dabei als Schmarotzer zu gelten.

Auf dem Balkon oder der Terrasse kann man sie gut in Ampeln pflanzen, der humose Boden sollte möglichst gut durchlässig (sandig) sein. Es empfiehlt sich ein warmer, aber nicht unbedingt sonniger Standort. Der Weihnachtskaktus ist vielmehr ein Freund von hoher Luftfeuchtigkeit durch Besprühen als von zu viel Gießwasser.

Die insgesamt recht anspruchslose Pflanze blüht zwischen November und Februar besonders üppig, wenn man sie bereits ab Ende August an einen kühlen Ort ins Haus holt. Dort ist sie zunächst mit sehr wenig Wasser zufrieden; sobald die Knospen erscheinen, darf wieder mehr gegossen werden – die optimale Nachttemperatur liegt dann bei etwa 20 °C.

Sedum telephium

30–50 cm

IX–X

Purpur-Fetthenne

Die Gattung Sedum, die im Volksmund unter anderem als Fetthenne oder Mauerpfeffer bezeichnet wird, ist von nahezu unüberschaubarer Arten- und Sortenvielfalt. Eine sehr dekorative Art ist Sedum telephium, wegen ihrer Blütenfarbe auch Purpur-Fetthenne genannt. Besonders beliebt ist die Pflanze aufgrund ihrer späten Blütezeit von September bis Oktober. Damit sorgt sie im Herbst, wenn viele der bunten Sommerblumen bereits verblüht sind, für wunderschöne Farbakzente.

Die aufrecht und buschig wachsende Staude wird etwa 30 bis 50 cm hoch. Die Blätter sind rundlich oval, fleischig und von hell- bis graugrüner Farbe. Die rosa- bis purpurfarbenen, kleinen Blüten stehen in großen Dolden zusammen.

Die relativ pflegeleichte Fetthenne sollte an einem sonnigen Standort platziert mäßig feucht gehalten werden. Da das Dickblattgewächs in seinen fleischigen Trieben und Blättern Wasser speichern kann, muss man es nicht täglich gießen. Im Frühjahr empfiehlt sich ein Rückschnitt der abgeblühten Triebe.

Kleinere Sorten eignen sich für Balkonkästen, während größere in dekorativen Kübeln gut zur Geltung kommen. Schöne Kombinationen ergeben sich mit anderen Herbstblühern oder reinen Blattschmuckpflanzen.

Sempervivum

5–15 cm

VI–VIII

Hauswurz

Die immergrüne Hauswurz gehört wie fast alle Vertreter der Dickblattgewächse zu den Sukkulenten; das bedeutet, dass sie in ihren Blättern Wasser speichern kann. Der Name Sempervivum kommt aus dem Lateinischen und bedeutet „Immer Lebende", was sich auf die lange Lebensdauer, aber ebenso auf die Genügsamkeit und Widerstandsfähigkeit dieser Stauden auch unter schwierigen Wachstumsbedingungen bezieht.

Für die Liebhaber der Hauswurz liegt der schmückende Wert der vielen verschiedenen Arten, von denen es wiederum unzählige Sorten gibt, in ihren kugeligen Rosetten aus fleischigen Blättern in den unterschiedlichsten Farben und Formen. Mit diesem als Wasserspeicher dienenden Laub können die Pflanzen selbst lange Trockenperioden schadlos überstehen.

Aus der Rosette wächst der Blütenstängel, der dachziegelartig mit Blättern besetzt ist. Die Blüten, die wie ein Stern mit Strahlen geformt sind, stehen in Trugdolden und sind rötlich, gelblich oder – seltener – weißlich. Nach dem Flor stirbt die entsprechende Rosette ab, jedoch hat sie vorher mehrere Tochterrosetten gebildet, sodass die Pflanze kleinere Flächen mit Rosetten unterschiedlicher Größe überzieht. Je nach Art und Sorte erreichen Hauswurze eine Höhe von 5 bis 15 cm.

Die anspruchslosen Pflanzen benötigen sandige, gut durchlässige Erde und einen sonnigen Standort. Besonders dekorativ wirken sie in flachen Schalen oder kleinen Trögen, die man zusätzlich mit einigen Steinen dekorieren kann. Kombiniert mit anderen sukkulenten Pflanzen, wie zum Beispiel Fetthenne, kann man sich so einen Mini-Steingarten auf die Terrasse oder den Balkon zaubern.

Solanum

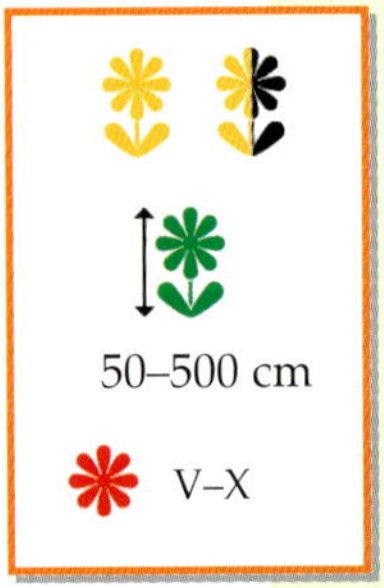

Nachtschatten

Die überaus artenreiche Gattung der Nachtschattengewächse, deren Pflanzen meist eine strauchförmige oder kletternde Wuchsform aufweisen, beinhaltet unter anderem die bekannten Nutzpflanzen Kartoffel (Solanum tuberosum) und Aubergine (Solanum melongena). Sie bringt allerdings auch ausgesprochen dekorative Zierpflanzen hervor, die sich hervorragend für die Kübelbepflanzung eignen. Im Folgenden sollen einige Beispiele hierfür vorgestellt werden.

- SOLANUM JASMINOIDES: Diese Art ist auch unter der Bezeichnung Sternnachtschatten oder Jasminartiger Nachtschatten bekannt und gehört sicher zu den attraktivsten Exemplaren der kletternden Arten. Der besonders schnellwüchsige, immergrüne Strauch kann je nach äußeren Bedingungen 200 bis 500 cm hoch werden. Seine Triebe sind mit breit-lanzettlichen Blättern besetzt. Besonders schön ist seine üppige Blütenpracht aus weißen bis blassvioletten Sternblüten.

- SOLANUM MURICATUM: Auch als Birnenmelone, Kachuma oder Melonenstrauch bekannt ist diese kriechende Art mit lanzettlichen Blättern. Neben den pur-

purvioletten Blüten sind besonders die auffälligen Früchte sehenswert, die sich im Spätsommer bilden. Sie sind rund, etwa tennisballgroß und orangegelb bis goldgelb mit Streifen oder Überhauch in violett. Im Geschmack erinnern die saftigen Früchte an Melonen oder Birnen. Alle anderen Pflanzenteile enthalten Giftstoffe. Die Pflanze wird 50 bis 100 cm hoch.

- SOLANUM RANTONNETII: Diese Pflanze gehört mittlerweile zu den beliebtesten strauchförmigen Arten. Das liegt wohl nicht zuletzt an der Blütenfülle, die so üppig ist, dass sie die breitovalen Blätter nahezu verdeckt. Die dekorativen Blüten sind tief blauviolett mit einem kleinen gelben Auge. Diese Art kann bis zu einer Höhe von 300 cm herranwachsen.

- SOLANUM WENDLANDII: Man kennt diese Art auch unter dem Namen Costa-Rica-Nachtschatten. Sie kann mit ihren hakenartigen Stacheln meterhoch klettern. Neben den großen, ovalen Blättern, die sowohl fiedrig zerteilt als auch unzergliedert sein können, sind die schirmförmigen, fliederfarbenen oder weißen Blüten besonders dekorativ.

Besonders gut gedeiht Nachtschatten an einem sonnigen bis halbschattigen und windgeschützten Standort. In ihrer Wachstumszeit sollte man die Pflanze reichlich gießen und regelmäßig düngen. Man sollte wissen, dass die meisten Solanum-Arten giftig sind oder giftige Teile enthalten. Je nach Wuchsform kann man die Pflanzen als Strauch ziehen oder an einem Spalier hochziehen, das in den Kübel gestekkt wird. Mit ihrem dichten Blattwerk sorgen sie für exotisches Flair auf Balkon oder Terrasse. Schöne Begleitpflanzen sind dabei beispielsweise Engelstrompete, Wandelröschen oder Palmen.

Solanum lycopersicum

Tomate

Nach der Kartoffel ist die Tomate, die auch Paradies- oder Liebesapfel genannt wird, wohl die bedeutendste Nutzpflanze aus der Familie der Nachtschattengewächse. Ursprünglich eine wild wachsende Pflanze, war sie in den südamerikanischen Anden beheimatet. Erste Kulturformen entstanden vermutlich in Mexiko; ihr Name leitet sich vom aztekischen „Xitomatl" ab.

Heute gibt es eine Vielzahl von Sorten, die sich vor allem in Form, Größe und Gewicht, aber natürlich auch im Geschmack unterscheiden. Nach der äußeren Form werden sie in vier Haupttypen eingeteilt: runde Tomaten, Fleischtomaten, Flaschentomaten, Kirsch- und Cherrytomaten. Des Weiteren unterscheidet man zwischen hochwachsenden Stabtomaten und niedrigwachsenden Buschtomaten.

Das einjährige Fruchtgemüse lässt sich recht einfach heranziehen und ist für die Topfkultur auf Terrasse oder Balkon besonders gut geeignet. Man kann es ab Mitte März im Haus aussäen; sobald kein Frost mehr zu erwarten ist,

25–150 cm

VII–X

werden die Pflanzen ins Freie gestellt. Ab Mai zeigen sich die kleinen gelben Blüten, aus denen sich innerhalb von ca. 2 Monaten zunächst grüne Früchte entwickeln, die sich später je nach Sorte gelb, orange oder rot verfärben.

Tomaten bevorzugen einen vollsonnigen und windgeschützten Standort, am besten vor einer wärmenden Mauer. Die Erde sollte nährstoffreich sein, das Pflanzgefäß mindestens 10 Liter fassen und einen Durchmesser von ca. 30 cm haben. Während der Fruchtbildung ist reichlich zu gießen und wöchentlich zu düngen.

Bei Stabtomaten sollte man die Seitentriebe entfernen („ausgeizen"), um eine reiche Ernte zu erzielen. Außerdem benötigen sie stützende Stäbe oder Rankgitter. Buschtomaten hingegen müssen weder hochgezogen noch gekappt werden; bei starkem Fruchtbehang kann allerdings ein kurzer Stab die Standfestigkeit erhöhen.

Im Folgenden einige für die Kultur in Gefäßen besonders geeignete Sorten:

- HOCHWACHSENDE STABTOMATEN: 'Frühzauber', 'Harzfeuer', 'Sweet 100' (Kirschtomate), 'Supermarmande' (Fleischtomate), 'Yellow Pearshaped' (gelbe Birnentomate), 'Roma' (gelbe Eiertomate).

- NIEDRIGWACHSENDE BUSCHTOMATEN: 'Patio', 'Balkonstar', 'Tumbler' (Kirschtomate); die beiden letztgenannten Sorten eignen sich insbesondere auch für die Ampelbepflanzung.

Strelitzia reginae

100–200 cm

II–VIII

Paradiesvogelblume

Wer mit einer auffälligen Pflanze exotische Akzente auf der Terrasse oder dem Balkon setzen möchte, ist mit Strelitzia reginae gut beraten. Sie ist relativ pflegeleicht und erfreut mit lang haltenden, farbenprächtigen Blüten. Namensgeberin für den botanischen Namen war die englische Königin Charlotte, die Frau König Georgs III., welche eine geborene Prinzessin von Mecklenburg-Strelitz war. Die deutsche Bezeichnung Paradiesvogelblume geht auf die Blütenform zurück, die an den Kopf eines exotischen Vogels erinnert.

Die etwa 100 bis 200 cm hohe Staude trägt lang gestielte immergrüne, länglich-ovale Blätter. Zwischen Februar und August erscheinen die imposanten, bis zu 15 cm langen Blüten. Der Blütenstand besteht dabei aus einer spitz zulaufenden Blütenscheide, aus der kammförmig orange-blaue Einzelblüten entspringen. Die ursprünglich aus Südafrika stammende Pflanze bevorzugt einen warmen, windgeschützten Standort in der Sonne. In der Wachstumszeit sollte man regelmäßig gießen, dabei aber unbedingt Staunässe vermeiden. Die nicht winterharte Paradiesvogelblume sollte hell bei etwa 10 bis 13 °C überwintert werden. Dabei wird nur mäßig gegossen.

Sutera diffusus

Schneeflockenblume

Geschätzt wird Sutera diffusus, auch bekannt als Schneeflockenblume, aufgrund ihres pflegeleichten und robusten Wesens sowie ihres üppigen Wuchses und lang andauernden und reichen Blütenflors.

Die Pflanze besitzt einfache, gegenständige, kleine Blätter. In der Blütezeit zwischen April und Oktober erscheinen die kleinen, sternförmigen Blüten, die je nach Sorte weiß, rosa, rotviolett oder blau sein können. Insgesamt erreicht die Pflanze etwa 15 bis 25 cm Höhe, wobei ihre Triebe bis zu 100 cm lang sein können.

Am blühfreudigsten zeigt sich die Schneeflockenblume an einem Standort in voller Sonne, sie kommt aber auch im Halbschatten gut zurecht. Die Erde im Pflanzgefäß sollte fruchtbar und durchlässig sein und darf nie vollständig austrocknen.

Mit ihrem kriechenden oder hängenden Wuchs wirkt die Pflanze sowohl in Balkonkästen als auch in Ampeln attraktiv, die sie mit ihrem wunderbaren Blütenreichtum auch ohne Begleiter auszufüllen vermag. In größeren Gefäßen lässt sie sich allerdings auch schön mit anderen normalwüchsigen Balkonpflanzen kombinieren. Außerdem eignet sich die vielseitig einsetzbare Schneeflockenblume gut für Unterpflanzungen.

Thunbergia alata

SCHWARZÄUGIGE SUSANNE

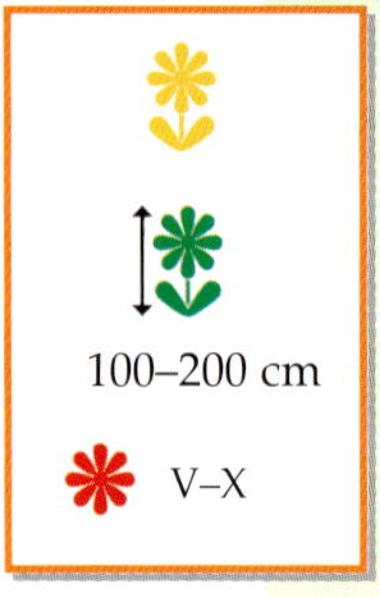

Aus dem dunkelgrünen Laub dieser hübschen Staude leuchten die trichterförmigen, goldgelben bis orangefarbenen Blüten hervor, deren schwarzer Mittelpunkt wohl für ihren deutschen Namen Schwarzäugige Susanne verantwortlich ist.

Thunbergia alata ist eine hierzulande meist einjährig gezogene, dekorative Kletterpflanze mit gestielten, herzförmigen, satt dunkelgrünen Blättern. Die üppige Blütenpracht bildet sich zwischen Mai und Oktober immer wieder neu nach. Insgesamt wird die Pflanze 100 bis 200 cm hoch.

Die Schwarzäugige Susanne fühlt sich an einem warmen, sonnigen Standort wohl, der möglichst windgeschützt sein sollte. Regelmäßiges Gießen bekommt der Pflanze gut, sie verträgt allerdings keine Staunässe.

Auf dem Balkon oder der Terrasse ist Thunbergia alata vielseitig einsetzbar. Sie eignet sich sehr gut für Rankgerüste, Spaliere oder Zäune. Dabei sollte man frühzeitig für Kletterhilfe mit möglichst rauer Oberfläche sorgen. Man kann sie allerdings auch einfach in Balkonkästen oder ähnliche Gefäße pflanzen. Ohne Klettermöglichkeit lässt sie ihre Triebe nach unten hängen und wird zu einer sehr attraktiven Hängepflanze.

Thymus

5–30 cm

VI–X

Thymian

Der mit dem Majoran verwandte Thymian ist als schmackhaftes Gewürz in mediterranen Gerichten bekannt und darf so beispielsweise bei vielen Pastagerichten nicht fehlen. Auch wird das Kraut als Heilmittel gegen Husten eingesetzt. Die aromatisch duftende Pflanze ist allerdings auch optisch eine Bereicherung für Blumenkästen oder -kübel auf Balkon und Terrasse.

Die stark aromatischen, immergrünen Stauden, Sträucher oder Halbsträucher wachsen buschig und können etwa 5 bis 30 cm hoch werden. Thymian hat schmal-elliptische Blätter von graugrüner Farbe, die am Rand etwas eingerollt sind. Die rosafarbenen bis violetten Blüten kann man zwischen Juni und Oktober bewundern.

Für die im sonnigen Süden beheimatete Pflanze sollte man einen möglichst warmen Platz in der Sonne wählen. Sie fühlt sich in sandig-humoser, kalkhaltiger Gartenerde besonders wohl. In der Wachstumszeit sollte nur mäßig gegossen werden, denn Trockenheit verträgt der Thymian gut. Nachbarpflanzen schützt er durch sein starkes Aroma vor Läusen.

Beim Ernten empfiehlt es sich, die Zweige nicht zu tief abzuschneiden, so treiben sie eher wieder aus. Thymian passt besonders gut zu Suppen und Saucen sowie Gemüse-, Fleisch- oder Fischgerichten, und er ist ein wichtiger Bestandteil der Gewürzmischung „Kräuter der Provence". Da die relativ kleinen Blätter der Pflanze einen niedrigen Feuchtigkeitsgehalt haben, lässt sich das Würzkraut auch sehr gut durch Trocknen konservieren.

Es gibt diverse Arten von Thymian, die in der Küche vielfältig verwendet werden können. Die bekannteste Art ist sicherlich der Thymus vulgaris, der auch als Garten-Thymian oder Echter Thymian bezeichnet wird. Aber auch andere Arten werden immer beliebter, wie zum Beispiel der Zitronen-Thymian (Thymus citriodorus) mit seinem charakteristischen Zitronenaroma.

Tibouchina urvilleana

100–200 cm

VII–X

Tibouchine

Die einmalig schönen, tiefvioletten Blüten der Tibouchine, die auch als Prinzessinnenblume oder Veilchenbaum bekannt ist, sind das wohl auffälligste Merkmal dieser ursprünglich in Brasilien beheimateten Pflanze.

Tibouchina urvilleana wächst straff aufrecht und wenig verzweigt mit recht langen Trieben. Sehr schön anzusehen sind auch die großen, breitovalen, sattgrünen Blätter, deren fein behaarte Oberseite ihnen ein samtiges Aussehen verleiht. Die Blütezeit liegt zwischen Juli und Oktober, kann aber bei sehr günstiger Überwinterung auch länger ausgedehnt werden. Die Blüten sitzen einzeln oder zu mehreren an den Triebenden. In ihrer Form erinnern sie an sehr große Veilchen. Kann die Pflanze in freier Natur auch bis zu 600 cm hoch werden, so bleibt es doch im Kübel bei einer Höhe von 100 bis 200 cm.

Die Tibouchine bevorzugt sonnige Standorte, gedeiht aber auch im Halbschatten. In der Wachstumszeit benötigt die Pflanze regelmäßig Wasser, wobei Staunässe unbedingt vermieden werden sollte. Bei der Wahl der Gefäße muss dementsprechend auf gute Dränage geachtet werden.

Damit die Sträucher sich schön verzweigen und buschiger entwickeln, ist ein Rückschnitt sowie regelmäßiges Entspitzen bei jüngeren Pflanzen zu empfehlen. Pflanzt man in einem größeren Gefäß gleich mehrere Exemplare zusammen, vermittelt die Prinzessinnenblume einen wesentlich buschigeren Eindruck.

Mit der attraktiven Form und ansprechenden Farbe ihrer Blüten wird die Tibouchine überall zu einem wunderbaren Blickfang. Mit anderen tropisch anmutenden Pflanzen, wie zum Beispiel Fuchsien, Kassien, Engelstrompete oder Nachtschatten ergeben sich interessante Kombinationsmöglichkeiten. Auch reine Blattschmuckpflanzen wie Palmen sind schmeichelnde Begleiter für das unübertreffliche Blauviolett der Blüten.

Tulipa

10–70 cm

III–V

Tulpe

Die Tulpe ist sicher eine der bekanntesten und beliebtesten Frühlingsblumen überhaupt. Seit der so genannten „Tulpomanie“, als die Tulpenzwiebeln in Holland im 17. Jahrhundert zum Spekulationsobjekt wurden, gehören die dekorativen Blumen für viele zum holländischen Stereotyp; und tatsächlich wird ein großer Teil der Tulpennachfrage durch holländische Züchter bedient.

Tulpen sind von aufrechtem Wuchs und werden zwischen 10 und 70 cm hoch. Sie haben breit-linealische, blaugrüne, bodennahe Blätter. In der Blütezeit von März bis Mai kann man die weißen, roten, gelben, orange- oder rosafarbenen oder auch zweifarbigen Blüten bewundern.

Die ursprünglich in gemäßigten Regionen Asiens beheimatete Pflanze gedeiht am besten an einem sonnigen Standort. Manche Sorten vertragen aber auch Halbschatten.

Man sollte die Tulpenzwiebeln bereits im Herbst etwa 10 cm tief in die Kästen oder Schalen setzen. Wer sich im Frühjahr noch spontan für Tulpen entscheidet, erhält im Handel ein gutes Angebot an vorgetriebenen Pflanzen. Tulpen sollten nur mäßig gegossen werden, wobei Staunässe unbedingt zu vermeiden ist.

Heutzutage ist das Angebot an verschiedenen Sorten, Arten und Hybriden so groß, dass man oft die Qual der Wahl hat. Beim Kauf tut man gut daran, sich Farbe und Wuchs auf den Pflanzenschildchen anzuschauen. Wer geeignete Exemplare für die Bepflanzung von Kästen oder Schalen sucht, sollte sich auf die niedrigeren Tulpen beschränken. Dazu zählen unter anderem:

- TULIPA TARDA: Diese Zwergtulpenart wird zwischen 10 und 15 cm hoch und trägt sternförmige, cremeweiße Blüten mit gelber Mitte. Die Blätter sind schmal und mittelgrün.

- TULIPA-GREIGII-HYBRIDEN: Diese Hybriden sind stets Kreuzungen zwischen Wildtulpen. Sie besitzen dunkel gefleckte oder gestreifte Blätter und werden etwa 15 bis 30 cm hoch. Im zeitigen bis mittleren Frühjahr erscheinen die großen, becherförmigen, meist roten oder gelben Blüten.

- TULIPA-FOSTERIANA-HYBRIDEN: Die Pflanzen werden etwa 15 bis 40 cm hoch und tragen kleine, becherförmige Blüten. Diese sind meist glänzendrot bis orange mit einem schwarzen, gelbumrandeten Fleck.

- TULIPA-KAUFMANNIANA-HYBRIDEN: Hierbei handelt es sich um eine robuste und haltbare Pflanze, die eine Höhe von 15 bis 25 cm erreicht. Die Blüten sind oft mehrfarbig, wobei Gelb, Rot oder Weiß als Hauptfarben dominieren.

Vaccinium myrtillus

20–50 cm

VI–IX

HEIDELBEERE

Die Waldheidelbeere (Vaccinium myrtillus), auch Blaubeere oder Bickbeere genannt, ist in Europa die häufigste Heidelbeerart. Charakteristisch sind ihre durch und durch blau gefärbten Früchte. Dagegen befindet sich bei der aus der Amerikanischen Heidelbeere gezüchteten Kulturheidelbeere (V. corymbosum) der Farbstoff nur in der Schale; das Fruchtfleisch ist hell. Zudem ist die Kulturheidelbeere wesentlich größer als die echte Blaubeere, jedoch bei weitem nicht so aromatisch wie die Wildfrucht.

Wie ihre nahen Verwandten, die Kulturheidelbeeren und die Preiselbeeren (V. macrocarpon), lassen sich Waldheidelbeeren gut in Trog oder Kübel kultivieren. Während Kulturheidelbeeren zu stattlichen Büschen heranwachsen, sind die beiden anderen Arten kriechende Halbsträucher von etwa 20 bis 50 cm Höhe. Eine beliebte Sorte von V. myrtillus ist 'Top Hat', ein Ministrauch, der bequem in einem normalen Topf gezüchtet werden kann.

Heidelbeerpflanzen bevorzugen saure Bodenverhältnisse, deshalb ist Rhododendronerde gut geeignet. Die Erde sollte stets gleichmäßig feucht gehalten und regelmäßig gedüngt werden. Dann reifen von Mitte Juni bis in den September hinein die dunkelblauen, saftigen Früchte, die sich auf vielerlei Art verwenden lassen – zum Beispiel für Heidelbeerkuchen, Kompott, Kaltschale, Suppe oder Wein.

Verbena

5–140 cm

VI–X

EISENKRAUT

Der deutsche Name Eisenkraut entstand aus dem früheren Glauben heraus, dass die Pflanze das beste Mittel gegen Verwundungen durch eiserne Waffen sei. Heutzutage ist sie eine beliebte Zierpflanze, die besonders aufgrund ihrer langen Blütezeit geschätzt wird.

Um seine Blütenpracht voll entfalten zu können, benötigt das Eisenkraut einen warmen, sonnigen Standort in durchlässiger Erde. Es sollte regelmäßig gegossen werden, verträgt aber keine Staunässe. Entfernen der verwelkten Blüten sorgt für lang anhaltenden Flor.

Bei der Auswahl aus dem großen Sortiment an Arten, Sorten und Hybriden sollte man neben Kriterien wie Blütenform und -farbe auch Wuchsart und -höhe einbeziehen, denn gerade diese Aspekte sind für den Verwendungszweck entscheidend. So eignen sich beispielsweise die niedrigwüchsigen Hybriden besonders gut für Balkonkästen oder Schalen, während einige hohe, strauchförmig wachsende Arten sehr schön in größeren Kübeln oder Trögen zur Geltung kommen. Hier einige Beispiele für dekorative Verbena-Arten:

- VERBENA BONARIENSIS: Diese auch als Patagonisches Eisenkraut bekannte Art beeindruckt besonders durch ihre kleinen, dicht gefüllten, fliederfarbenen Blütenkugeln. Sie wird 80 bis 140 cm hoch und eignet sich daher gut für große Töpfe oder Kübel. Trotz ihrer Höhe nimmt die Pflanze wenig Raum ein, da sie kein Laubwerk hat, wirkt sie durchscheinend und luftig.

- VERBENA CANADENSIS: Diese Pflanze trägt purpurfarbene oder weiße Blüten in dichten doldenartigen Blütenständen. Sie besitzt frischgrüne, tief gelappte Laubblätter. Mit ihren 20 bis 40 cm Höhe eignet sie sich für die Bepflanzung von Balkonkästen oder Schalen, wobei andere typische Balkonpflanzen wie Begonien, Petunien oder Pelargonien wunderbare Begleitpflanzen abgeben.

- VERBENA RIGIDA: Hierbei handelt es sich um eine besonders wetterfeste Art. Sie trägt unregelmäßig gekerbte Blätter und fliederfarbene bis violette Blüten in endständigen Köpfchen. Mit ihrer Höhe von 20 bis 35 cm ist auch sie eine Pflanze für Kästen und Schalen. Die dekorativen Blüten passen gut zu denen von Lavendel oder Salbei.

- VERBENA TENERA: Diese Art stand Pate für eine Reihe von Hybriden, die unter der Bezeichnung Hänge-Verbenen laufen. Sie sind von kriechendem Wuchs und lassen ihre Triebe locker überhängen. An Höhe erreichen diese optimal für Ampelbepflanzung geeigneten Hybriden etwa 5 bis 25 cm.

Viola

20–40 cm

III–VII, X–XI

Veilchen

Das Veilchen ist eine der bekanntesten und beliebtesten Blumen. Es wurde schon von vielen Dichtern besungen und wird an Popularität wohl nur noch von der Rose übertroffen. Zur Gattung der Violaceae gehören etwa 500 Arten; auch bei uns ist die Pflanze heimisch und kommt als Hundsveilchen (Viola canina) im Wald und auf Wiesen vor.

Auffälligstes Merkmal aller Arten sind die typischen Blüten, die aus 5 Segmenten bestehen und an einem langen Stiel sitzen. Die vorherrschenden Blütenfarben sind Violett, Weiß und Gelb. Das mittlere, untere Blütenblatt zeigt oft eine dunklere Zeichnung. Die als Gartenpflanzen bekannten Veilchen sind übrigens aus zahlreichen Kreuzungen hervorgegangen.

Zwei Arten aus der großen Veilchen-Familie, die sich beim Bepflanzen von Töpfen, Kübeln und Kästen großer Beliebtheit erfreuen, sind:

- VIOLA CORNUTA: Die kleinen Hornveilchen sind unermüdliche Blüher mit einer schier unerschöpflichen Farbpalette. Nach langer Blütezeit (Mai bis Juli) kann das Hornveilchen im Herbst sogar noch einmal blühen, wenn man es nach der Blüte zurückschneidet; außerdem bleibt die Pflanze dann kompakter. Sie gedeiht an sonnigen und halbschattigen Standorten in gewöhnlicher Balkonpflanzenerde und kann auch Trockenzeiten gut vertragen. Hornveilchen sind zur Unterpflanzung von Hochstämmchen oder anderen hochwüchsigen Kübelpflanzen sowie als Ergänzung für bunte Kästen geeignet.

- VIOLA WITTROCKIANA: Die Gartenstiefmütterchen erfreuen bereits ab März mit ihrer bunten Blütenpracht. Die Pflanze bevorzugt einen sonnigen Standort und nährstoffreichen, lockeren Boden. Man sollte sie regelmäßig gießen, wobei Staunässe zu vermeiden ist. Gartenstiefmütterchen werden gerne mit Tulpen, Narzissen, Hyazinthen und anderen Frühjahrsblühern kombiniert. Schön wirken sie auch, wenn man sie in größeren Gruppen in Schalen oder Kästen zusammensetzt.

Vitis vinifera

Echte Weinrebe

Die Echte Weinrebe wird zur Weinherstellung eingesetzt. Sie gehört zu den wohl ältesten Kulturpflanzen und wurde schon um 3500 v.Chr. von den Ägyptern, den Babyloniern und den Indern kultiviert. Auch die alten Griechen und Römer betrieben Weinbau.

Diese sommergrüne Kletterpflanze wirft im Winter ihr Laub ab. Im Herbst verfärben sich die drei- bis fünflappigen Blätter braunrot. Die ab September/Oktober erscheinenden Trauben sind je nach Sorte gelb, hellgrün oder schwarzblau.

Die Weinrebe eignet sich sehr gut für die Bepflanzung von Terrassen und Balkonen. Allerdings ist auf den nicht unerheblichen Platzbedarf der Pflanze zu achten. Wenn man sie nicht durch einen Rückschnitt im Januar/Februar bewusst niedrig hält, erreicht das stark wachsende Rankgewächs leicht eine Höhe von 7 m und mehr.

Vitis vinifera benötigt einen warmen und sonnigen Standort, möglichst geschützt an der Südseite des Hauses, und bevorzugt tiefgründigen, humusreichen Boden. In der Wachstumszeit muss reichlich gegossen werden, danach nur noch minimal. Für einen guten Wuchs sollte im Winter zurückgeschnitten und die neuen Triebe am Spalier hochgebunden werden. Die Weinrebe kann einstämmig oder als Fächerspalier gezogen werden.

Gärtnertipp

Wer auf wohlschmeckende Früchte Wert legt, muss zu dicht sitzende Beerenansätze mit der Schere entfernen. Damit die Trauben mehr Sonne und somit Süße erlangen und außerdem schneller reifen, werden die Blätter kurz vor der Ernte am Fruchtansatz entfernt.

200–1000 cm

VI–VII

Washingtonia filifera

150–300 cm

Priesterpalme, Petticoatpalme

Washingtonia filifera ist ein fester Bestandteil amerikanischer Straßenbilder, wo die dekorative Palme – besonders in den südlichen Staaten – an vielen Straßen und Wegen zu finden ist. Ihre deutschen Bezeichnungen Priester- oder Petticoatpalme trägt sie, weil die unteren abgestorbenen Blätter den Stamm von der Spitze bis zum Boden bedecken, was an ein Priestergewand oder einen Petticoat erinnert. Bei Zierpalmen entfernt man aber das vertrocknete Laub.

Die Pflanze ist von breit ausladendem Wuchs mit dickem, säulenförmigem Stamm. Sie hat große, rundliche, fächerartig unterteilte Blattwedel mit herabhängenden hellen Fäden. Die Blattstiele sind am Grund scharf gesägt. Im Kübel kann man leider kaum damit rechnen, dass die weißen oder hellrosafarbenen Blüten erscheinen.

In freier Natur und entsprechendem Klima wird die Washingtonia über 20 m hoch, im Kübel bleibt sie bei etwa 150 bis 300 cm. An einem sonnigen Standort gedeiht die Palme am besten. Im Sommer sollte sie feucht gehalten werden, darf aber nicht vernässen. Zum Überwintern benötigt sie einen frostfreien, nicht zu dunklen Standort.

Yucca

75–200 cm

VII–VIII

Palmlilie

Seit vielen Jahren erfreut sich die Yucca-Palme großer Beliebtheit. Streng genommen zählt sie gar nicht zu den echten Palmen, denn botanisch ist sie ein Agavengewächs. Die Gattung umfasst ca. 40 Arten, die in den trockeneren Regionen Nord- und Mittelamerikas beheimatet sind.

Es handelt sich um stammbildende oder stammlose Stauden, Bäume und Sträucher mit rosettenartig angeordneter Belaubung. Die Blätter sind meist hart bis ledrig, an den Rändern oft gezähnt oder mit fadenartigen Fasern besetzt. Aus der Mitte der Rosette können sich – bei älteren Pflanzen – aufrechte Stiele mit zahlreichen becherförmigen, weißen oder cremefarbenen Blüten bilden. In Kübelkultur ist die Blüte der Palmlilie jedoch eher selten zu erleben.

Mit der pflegeleichten Blattschmuckpflanze lassen sich hervorragend wüstenartige Arrangements auf Balkon oder Terrasse zusammenstellen, etwa in Kombination mit Agaven, Oleander oder Granatapfelbaum. Auch farbig blühende Kübelpflanzen wie Hibiskus oder Bougainvilleen bieten sich hier an. Aufgrund ihrer bizarren Blätter eignen sich größere Exemplare auch zur Solitärstellung.

Palmlilien gedeihen am besten an einem vollsonnigen Standort. Sie sollten nicht täglich, sondern mit einigem Abstand gewässert werden, dann allerdings reichlich. Vorübergehende Ballentrockenheit können sie vertragen, Staunässe hingegen nicht. Bis August sollte man alle vier Wochen düngen; welke Blätter können laufend entfernt werden.

Ältere Palmlilien werden oft recht kopflastig, deshalb sollte beim Umtopfen ein entsprechend standfestes Gefäß gewählt werden. Beim Umgang mit der Pflanze ist Vorsicht geboten, denn an den sehr scharfen Blattspitzen kann man sich leicht verletzen.

Bekannte und beliebte Palmlilien-Arten sind Yucca aloifolia, Yucca filamentosa, Yucca gloriosa und Yucca elephantipes.

Register der lateinischen Namen

Register der deutschen Namen

Bildquellen

Alle Fotos: Medien Kommunikation, Unna

Fotografen: Hermann Hackstein, Raphael Pehle, Jürgen Schossig und Walter Trefzer

Mitarbeit: Yara Hackstein, Carola Struck, Beate Engelmann, Christina Muermann, Mathias Hinkerode, Dietrich Löbbecke

Besonderer Dank gilt: Regina Albrecht-Imöhl